똑똑 교양 10

백화점에서 만난 세계사

정헌경 글 + 인디고 그림

작가의 말

"왜 유럽이나 남아메리카 국가들이 월드컵에 우승할 때가 많을까?"

"서양 영화 속 옛날 여자들은 왜 허리를 바짝 조인 드레스를 입었을까?"

이 책의 주인공처럼 여러분도 이것저것 궁금한 게 많을 거예요. 이런 궁금증을 풀어 나가는 데 역사만큼 좋은 것은 없답니다.

백화점은 일상의 역사를 들여다보기 좋은 곳이에요. 그곳에 진열된 온갖 물건은 저마다 역사를 지니고 있어요. 물건은 인간의 필요에 따라 생겨난 뒤, 오랜 세월 인간과 함께하며 변화를 겪었어요. 사람들이 여러 지역과 교류하고 전쟁과 혁명을 치르면서 일어난 변화가 물건에 고스란히 담겨 있지요.

소소한 물건의 역사는 거대한 사건이나 위대한 사람들, 딱딱한 개념 중심의 역사보다 훨씬 재미있어요. 예를 들어 스타킹은 유럽의 귀족 남자들이 신던 것이에요. 긴 치마로 다리를 감춰야 했던 여자들 대신, 귀족 남자들이 반바지를 입고 고급 스타킹에 화려한 구두를 신었지요. 그러다 프랑스 혁명으로 신분제가 무너진 뒤에야 긴 바지가 유행했어요.

또 하나 예를 들어 볼게요. 축구는 영국에서 처음 생긴 유럽 스포츠예요. 19세기에 세계에서 가장 강했던 영국이 곳곳에 식민지를 만들면서 축구 문화도 퍼져 나갔어요. 그래서 유럽 국가 아니면 유럽의 식민지였던 남아메리카 국가 대표 팀이 축구를 잘하는 거예요.

이런 이야기를 들여다보면 신분제, 시민 혁명, 제국주의, 식민지 같은 역사의 중요한 개념이나 사건을 자연스레 이해할 수 있어요. 립스틱을 바르고 시위에 나선 여성들, 68운동 때 기성세대에 저항했던 젊은이들처럼 역사를 바꾼 용감한 사람들도 만날 수 있어요. 다이아몬드를 향한 탐욕 때문에 남아프리카에 생긴 '빅 홀', 설탕의 단맛에 숨겨진 아메리카와 아프리카의 시련, 아편이 나쁜 줄 뻔히 알면서 청나라에 판 영국 등, 과거에 사람들이 저지른 잘못에 대해서도 곰곰 생각할 수 있지요.

역사는 거창하거나 막연한 것이 아니에요. 우리 일상생활 속에서, 켜켜이 쌓인 세월 속에서 역사를 발견할 수 있지요. 최근 개정된 초등 역사 교육 과정에서도 일상에서 과거를 만나며 자신을 역사적 존재로 인식하는 것을 중요하게 여기고 있어요. 역사를 처음 만나는 어린이들이 이 책을 즐겁게 읽어 나가길 바랍니다.

정헌경

차례

1. 향수의 역사
- 신의 마음까지 사로잡은 향기 — 12
- 귀족의 사치품에서 대중의 화장품으로 — 16
- 고약한 냄새를 감추는 데는 향수가 그만 — 20

2. 화장품과 보석의 역사
- 목숨까지 걸고 바른 파우더 — 28
- 여성 해방의 상징이 된 립스틱 — 32
- 진주 탄생에 숨겨진 비밀 — 36
- 다이아몬드를 향한 인간의 탐욕 — 39

3. 남성복의 역사
- 크로아티아 병사들의 스카프에서 발전한 넥타이 — 46
- 스타킹에 하이힐, 가발로 멋을 낸 남자들 — 51
- 긴 바지를 유행시킨 프랑스 혁명 — 55
- 군복에서 일상복으로 — 59

4. 여성복의 역사
- 여성의 몸을 꽉 조인 코르셋 — 66
- 우아한 여신처럼 새장 안의 새처럼 — 71
- 갑갑한 옷차림에 갇힌 여성들 — 76
- 거리를 메운 미니스커트와 청바지 — 80

5. 아동의 역사
- 남자는 분홍? — 88
- 공장과 광산으로 내몰린 아이들 — 94
- 세계 최초의 어린이날 — 96
- 아동의 권리를 지키기 위한 노력 — 101

6 디저트의 역사

- 졸음을 쫓는 커피의 역사　　　　　　　　　　　　108
- 달콤한 맛에 숨겨진 아메리카와 아프리카의 시련　　113
- 동양의 신비로운 약초로 유럽에 소개된 차　　　　　117
- 미국 독립 전쟁과 아편 전쟁을 부추긴 차　　　　　121

7 스포츠의 역사

- 전 세계로 퍼져 나간 영국 축구　　　　　　　　　128
- 인도 '국민 스포츠'의 비밀　　　　　　　　　　　132
- 원자 폭탄급의 충격, 비키니　　　　　　　　　　136
- 세계 평화를 도모하는 올림픽　　　　　　　　　　140

8 살림의 역사

- 수저와 포크, 나이프에 담긴 역사　　　　　　　　148
- 중국과 한국, 일본, 유럽을 잇는 도자기의 여행　　153
- 가전제품의 탄생, 그리고 위기에 빠진 지구　　　　158

9 음식의 역사

- 인류의 진화를 도운 고기와 불　　　　　　　　　166
- 새로운 바닷길을 개척하게 만든 향신료　　　　　170
- 식문화 교류의 흔적, 돈가스와 카레, 짜장면　　　174
- 역사 발전의 원동력이 된 문화 교류　　　　　　　177

부록

- 백화점에서 만난 세계사 연표　　　　　　　　　182

여는 이야기

"어서 와, 은서야!"
이모가 환한 얼굴로 반겼어요.
오늘은 엄마가 멀리 출장 가는 날이라, 은서는 이모네서 하룻밤을 보내기로 했어요. 이모랑 사촌 오빠 현수는 은서에게 재미난 이야기를 들려주곤 해요. 이모는 역사 선생님이고, 현수 오빠는 대학원에서 역사를 공부하고 있어요. 오빠가 한쪽 손을 번쩍 들어 보였어요.
"은서 왔구나. 잘 지냈어?"
"응."

은서와 오빠가 과일을 먹으며 이야기를 나누고 있는데, 이모가 외출 준비를 하고 나왔어요.
"우리 백화점 갈까? 곧 현수 면접이 있어서 양복을 사야 하거든. 마침 세일 기간이더라고."
"요 앞에 있는 백화점이요? 좋아요. 거기 예쁜 카페가 생겼대요."
은서가 들뜬 목소리로 말했어요.
"그럼 거기도 들르자. 백화점은 역사 공부하기에도 좋은 곳이야."
"네?"

"백화점에서 '백화'는 온갖 물건을 뜻해. 모든 물건은 저마다 역사를 지니고 있잖아."
은서는 고개를 끄덕였지만, 이모가 하는 말이 바로 와닿지는 않았어요.
"백화점을 구경하다 보면 알 수 있을 거야."
은서의 멍한 표정을 보고, 오빠가 웃으며 말했어요.
"이런 접시도 어느 날 갑자기 생겨난 게 아니야. 물건은 인간의 필요에 따라 생겨난 뒤, 오랜 세월 인간과 함께하며 변화를 겪었지. 그 과정을 보면 인류 역사의 흐름을 알 수 있단다."
이모가 과일 접시를 가리키며 덧붙였어요.
"사람들은 여러 지역을 오가며 교류하고, 전쟁과 혁명을 치렀어. 그 과정에서 물건에 변화가 일어났지. 그런 역사가 물건에 고스란히 담겨 있는 거야."
"아!"
은서는 생각지도 못했던 이야기에 눈이 동그래졌어요.
"그래, 은서야. 어쩌면 소소한 물건의 역사가 더 재미있을 수도 있어. 거대한 사건이나 위인만으로 역사가 이루어지는 건 아니거든."
오빠가 팔짱을 끼며 말했어요.

"백화점 가면 들려줄 얘기가 많겠다."
이모가 한쪽 눈을 찡긋해 보였어요.
은서는 갖가지 물건과 그 속에 담긴 역사를 만날 생각에 가슴이 두근거렸어요. 과연 어떤 이야기가 기다리고 있을까요?

신의 마음까지 사로잡은 향기

백화점 1층에 들어서자, 좋은 향기가 먼저 은서를 반겼어요.

"참, 아버지 생신이 얼마 안 남았네. 선물로 향수를 사야겠다."

갑자기 생각난 듯 이모가 말했어요.

"할아버지가 향수를 쓰세요? 역시!"

멋쟁이 할아버지를 떠올리며, 은서는 향수 매장 쪽으로 걸어갔어요.

"안녕하세요, 어느 분이 쓰실 건가요?"

유니폼을 입은 언니가 다가와 물었어요.

"저희 아버지께 선물하려고요. 은은한 향을 좋아하세요."

"요즘 어르신들 선물로 인기가 많은 제품인데, 이건 어떠세요? 시원한 향을 찾으시면 이쪽 향도 맡아 보세요."

점원 언니가 향수가 뿌려진 시향지 몇 개를 건네주며 말했어요.

예쁜 병에 담긴 향수는 보는 것만으로도 즐거웠어요. 더구나 시향지의 향을 하나하나 맡아 보는 재미도 꽤 쏠쏠했어요.

"자기한테 어울리는 향을 찾는 게 중요해요. 좋은 향은 후각에 즐거운 자극을 주고 스트레스도 줄여 주니까요."

점원 언니 말을 듣고 보니 샴푸나 비누 향을 맡고 기분이 좋아졌던 일이 생각났어요. 그런데 사람들은 언제부터 이렇게 향을 쓰기 시작했을까요? 은서는 궁금증이 생겼어요.

"옛날 사람들도 향수를 썼을까요?"

이모나 오빠가 입을 떼기도 전에 점원 언니가 냉큼 대답했어요.

"5천 년 전쯤에도 사람들은 향을 사용했답니다. 물론 지금 같은 향수는 아니었지만요."

5천 년 전이라니, 은서 눈이 동그래졌어요.

"맞아. 종교 의식 때 향을 피웠거든. 신을 기쁘게 하려고 말이야."

이모가 흥미로운 듯 점원 언니를 바라보았어요. 점원 언니는 설명을 술술 이어 갔어요.

"옛날 사람들은 향이 나는 나뭇가지나 꽃

13

같은 것을 태워서 향기가 하늘 높이, 신이 있는 곳까지 피어오르게 했답니다. 그러면 신이 향을 맡고 기분이 좋아져서 인간을 도와줄 거라 믿었거든요."

"그렇죠. 근대 과학이 발달하기 전에는 홍수나 질병 같은 불행한 일이 생겨도 사람들이 아무 힘을 쓸 수가 없었어요. 향을 피우면서 신에게 간절히 기도하면 마음이 차분해지고 위안도 되었을 거예요."

이모가 생각에 잠긴 얼굴로 말했어요.

"옛날 사람들은 신도 인간과 비슷하다고 믿었어요. 그래서 인간이 가장 좋아하는 음식을 신에게 제물로 바쳤죠. 혹시 뭔지 아시겠어요?"

"고기?"

세 사람은 거의 동시에 답을 외치고는 마주 보며 웃었어요.

"맞아요. 고대 그리스인은 기도를 올리고 소, 염소, 닭 등의 고기 일부와 기름을 태워 신에게 바쳤어요. 그러고 나서 남은 고기를 나눠 먹었죠."

"신성한 향과 고기 냄새가 어우러진 가운데 종교 의식을 치른 거지요."

현수 오빠가 고개를 끄덕이며 맞장구쳤어요.

"와, 언니 어떻게 그런 걸 다 알아요? 대단해요!"

"향수를 좋아해서 책도 여러 권 읽고 다큐멘터리도 봤거든요. 이렇게 향수 매장에서도 일하고요."

점원 언니가 살짝 웃어 보였어요.

"옛날 사람들은 향이 가득한 가운데 신과 인간이 만날 수 있다고 믿어서 향을 장례에 쓰기도 했어요. 황금 가면으로 유명한 투탕카멘 아시죠?"

"고대 이집트 왕 말씀이죠? 젊은 나이에 죽었다는?"

· 투탕카멘 무덤에서 나온 항아리.
향기로운 물질이 보존되어 있었다.

현수 오빠의 대답에 점원 언니가 고개를 끄덕였어요.

"투탕카멘 무덤에서 약 3천 년 동안 향기가 보존된 항아리가 나왔다고 해요. 고대 이집트에서 향을 사용했다는 증거지요."

점원 언니의 설명을 듣다 보니 옛날에는 종교가 무엇보다 중요했고, 향을 신성하게 생각했다는 걸 알 수 있었어요. 지금은 저마다 취향에 따라 향수를 쓰는데, 옛날에는 신에게 무언가를 간절히 빌며 향을 사용했다니 정말 신기했어요.

귀족의 사치품에서 대중의 화장품으로

"할아버지 선물은 은서가 골라 볼까? 이모는 이 둘 중 하나가 좋을 거 같은데."

"좋아요! 음…… 이건 어쩐지 꽃향기 같네요."

눈을 지그시 감고 향을 맡던 은서가 말했어요.

"맞아요. 장미를 기본 재료로 만든 향수예요. 이쪽은 편안한 나무 향이고요. 한번 맡아 보세요."

점원 언니가 다른 시향지를 건네주었어요.

"와, 정말 나무 향이 나네요? 할아버지랑 잘 어울리는 거 같아요. 이걸로 할래요!"

연둣빛이 도는 네모난 유리병에 담긴 향수를 가리키며, 은서가 의기양양하게 말했어요.

"근데 옛날에는 어떤 재료로 향을 만들었어요?"

"유향이 대표적인 향료였어요. 아라비아반도 남서부, 그러니까 오늘날 예멘 지역에 유향나무가 많아요. 유향나무 줄기에 상처를 내면 나뭇진이 흘러나오는데, 그걸 굳힌 고체가 유향이죠."

'유향은 어떤 냄새가 날까?'

호기심 가득한 은서의 눈을 바라보며 점원 언니가 말을 이어 갔어요.

"물론 옛날에도 종교적인 목적으로만 향을 쓰진 않았어요. 그런데 신과 가까워질 수 있는, 그 좋은 향을 누구나 즐길 수는 없었겠죠. 신분제 사회에서는 누가 향을 사용했을까요?"

"음…… 귀족이요?"

은서가 조심스럽게 대답하자 점원 언니가, "딩동댕!" 하고 설명을 이어 갔어요.

"고대 그리스 귀족들은 향을 피워 놓고 만찬을 즐겼어요. 고대 시리아에서는 경기장에 들어갈 때 관중들이 몸에 향수를 발랐답니다. 특권을 누리는 사람들끼리 같은 향을 맡으며 일체감을 느꼈던 거예요."

"그럼 사람들이 개인적으로 향을 사용한 건 언제부터인가요?"

진지하게 이야기를 듣던 현수 오빠가 물었어요.

"고대 이집트의 프톨레마이오스 왕조부터라고 알려져 있어요. 프톨레마이오스 왕조의 마지막을 장식한 여왕이 최초로 향수를 화장품으로 썼다고 해요. '그녀의 코가 조금만 낮았다면 역사가 달라졌을 것'이라는 유명한 말이 있죠."

"아, 클레오파트라!"

이모가 말을 이으려는데, 현수 오빠가 얼른 가로챘어요.

"지성과 미모를 두루 갖춘 클레오파트라는 향수를 무척 좋아했다죠. 목욕할 때도 고급 향료인 사프란을 사용했다고 하고요. 향수

덕분에 클레오파트라의 매력이 한층 돋보였겠죠?"

"클레오파트라는 로마 장군 카이사르와 안토니우스의 마음을 모두 사로잡았지. 그 시기에는 로마가 지중해 일대를 장악하고 이집트까지 집어삼키려 했어. 어쩌면 클레오파트라는 이집트의 위기를 극복하기 위한 방법으로, 로마 장군들과 사랑에 빠진 척했을지도 몰라."

오빠에게 질세라 이모가 안경을 추켜올리며 말했어요.

"고대 이집트·로마 역사가 그렇게 흘러갔군요. 클레오파트라는 알려진 것보다 훨씬 멋진 여왕이었을지도 모르겠네요."

점원 언니가 두 손을 모으고 눈을 반짝였어요.

"그래도 옛날 향수는 지금처럼 다양하진 않았겠죠?"

은서가 매장을 가득 채운 향수병들을 둘러보며 물었어요.

"맞아요. 옛날 향수는 나무나 꽃, 풀에서 얻은 향료를 물이나 기름에 섞은 게 다였거든요."

"요즘 향수는 알코올을 섞어서 만든다던데, 그런 기법을 쓴 건 그리 오래되지 않았나 봐요?"

현수 오빠가 향수병 하나를 들어 찬찬히 보며 물었어요.

"지금처럼 향료에 알코올을 섞어 만든 액체 향수는 14세기에 유럽에서 처음 만들어졌어요. 이름은 '헝가리 워터'라고 알려져 있는데, 이 향수와 관련된 전설이 있어요."

은서는 전설이라는 말에 귀를 쫑긋 세웠어요.

"옛날에 엘리자베스라는 헝가리 왕비가 있었대요. 폴란드에서 시집온 이 왕비가 어느덧 70대 할머니가 되었을 무렵, 이탈리아에서 온 누군가의 아이디어로 로즈메리 꽃에 알코올을 섞어 향수를 만들었대요. 엘리자베스는 그 향수르 젊음을 되찾았다고 전해져요. 믿거나 말거나지만요."

"분명 헝가리 워터를 비싸게 팔려고 누군가가 지어낸 얘기일 거예요."

이모가 콧방귀를 뀌었어요.

고약한 냄새를 감추는 데는 향수가 그만

"그럼 향수를 이런 유리병에 담은 건 언제부터인가요?"

현수 오빠가 저마다 화려하게 빛나는 향수병을 살펴보며 물었어요.

"16세기 이탈리아에서부터예요."

점원 언니가 향수를 포장하며 말을 이어 갔어요.

"샤넬, 구치, 크리스티앙 디오르……. 향수 이름이 하나같이 낯선 외국어네요."

은서가 향수 브랜드를 하나씩 읽어 나갔어요.

"이름만 봐도 알 수 있듯 향수 브랜드는 대부분 프랑스나 이탈리아에 본사가 있어요. 두 나라를 비롯한 유럽에서 향수가 발달했거든요."

"왜 하필 유럽에서 향수가 발달한 거예요?"

은서의 눈이 호기심으로 반짝였어요.

"악취가 심했기 때문이에요. 사실 프랑스 파리는 19세기 초반까지도 더러운 도시로 유명했어요. 상하수도가 갖춰지지 않은 데다, 사람들이 목욕도 자주 안 했거든요."

점원 언니가 주위를 둘러보고는 목소리를 낮추었어요.

"어? 제가 본 책에서는 고대 로마 제국에 거대하고 화려한 공중

목욕탕이 있었다던데요."

은서가 의아한 표정으로 말했어요.

"맞아. 하지만 시간이 흘러 중세 유럽에서는 목욕 문화가 쇠퇴했어. 그 무렵 교회에서는 인간의 몸에 관심을 두지도, 욕망을 추구하지도 말라고 가르쳤거든."

현수 오빠가 기다렸다는 듯이 말을 이었어요.

"애고, 엄청 답답한 시절이었네."

은서가 고개를 절레절레 흔들었어요.

"그래도 십자군 전쟁의 영향으로 우럽에서도 목욕 문화가 퍼지기는 했어."

"'십자'군이라고 하면 십자가랑 관련 있는 거야?"

"맞아. 유럽 사람들이 십자가 표시가 있는 옷을 입고 전쟁터에 나갔거든."

"십자군 전쟁은 기독교와 이슬람교가 11세기부터 거의 200년 동안 벌인 전쟁이란다. 교황이 성지 예루살렘을 되찾자며 유럽 사람들을 부추기면서 시작되었어."

이모가 거들었어요.

"맞아, 그 전쟁에 나갔던 유럽 사람들이 이슬람 사람들의 목욕탕을 보고 목욕 문화를 배워 왔지."

"이슬람 신자들은 잘 씻기로 유명하잖아요. 깨끗한 몸과 마음으

로 신을 만나기 위해 자주 씻다 보니 목욕 문화가 발달했다고 하더라고요."

이모랑 현수 오빠가 신이 나서 번갈아 가며 설명을 이어 갔어요.

"하지만 14세기 중반부터 유럽 사람들은 다시 목욕을 멀리하게 됐어. 흑사병이 퍼졌거든."

"흑사병? 퍼졌다는 이야기는…… 혹시 전염병인가요?"

은서 눈이 동그래졌어요.

"응, 흑사병은 벼룩에 물린 쥐가 돌아다니면서 사람들에게 퍼뜨린 병이야. 유럽 인구의 3분의 1 정도가 흑사병에 걸려 죽었을 만큼 무서운 전염병이었지."

"지금은 전염병이 돌아도 예방 주사도 있고, 약도 개발하잖아. 하지만 그때는 의학이 발달하지 않아서 사람들은 병의 정체를 전혀 몰랐어. 그래서 그저 두려워하기만 했지."

이모가 흑사병에 대해 차분한 목소리로 설명해 주었어요.

"코로나19가 유행하면서 사람들이 공중목욕탕 가는 걸 꺼리게 되었듯이, 중세 유럽 사람들도 그랬어. 게다가 피부에 때가 끼어 있어야 병균이 못 들어온다고 생각하는 사람도 많았지."

▶ 흑사병 유행 당시 유럽의 의사.
환자에게 전염되지 않도록
까마귀 마스크에 긴 옷을 입고,
멀찍이 떨어져서 막대기로 환자를 진찰했다.

"큭, 말도 안 돼요."

"그런 상황이 아니라도 유럽 사람들은 물이 부족해서 목욕을 여유롭게 즐기지 못했을 거야. 비가 자주 안 올 뿐더러 우물을 파기도 어려운 지형이어서 먹을 물도 모자랐거든."

이모가 말했어요.

"으…… 듣기만 해도 몸이 근질거리는 것 같네. 그렇게 안 씻으면 몸에서 고약한 냄새가 났을 텐데."

현수 오빠가 두 손으로 몸을 긁적거렸어요.

"왕이나 귀족은 몸에서 나는 악취를 감추려고 셔츠를 자주 갈아입고 향수를 뿌려 댔죠. 그러니까 유럽에서 향수 산업이 발달할 수밖에 없었던 거예요."

포장을 끝낸 점원 언니가 말했어요.

은서가 이제 이해됐다는 듯 머리를 크게 끄덕였어요.

"18세기를 넘어서면서 서양에서 안 좋은 냄새를 풍기는 사람들은 가난하거나, 공장에서 땀 흘리며 일하는 사람들이라는 생각이 널리 퍼졌어요. 부유한 사람들과 지배층은 청결과 위생에 철저히 신경 쓰면서 향수에 더 관심을 갖게 됐죠."

향수가 어떻게 세상에 나왔는지, 또 어떻게 지금의 모습에 이르렀는지 이야기를 듣다 보니 시간 가는 줄도 모를 만큼 재미있었어요. 코끝에 감도는 향기도 새롭게 느껴졌지요. 마치 신을 위해 향을 피우던 시절부터 지금까지 시간 여행을 한 듯 묘한 기분이 들었어요. 백화점에 있는 물건 하나하나에 이렇게 긴 역사가 담겨 있겠죠? 그런 생각을 하니 어쩐지 설레었어요.

"자, 여기 있습니다. 좋은 선물이 되길 바랍니다."

점원 언니가 예쁘게 포장된 향수를 이모에게 건네주었어요.

"네, 덕분에 즐거웠어요. 고마워요."

이모가 쇼핑백을 받아 들며 찡긋 눈인사를 건넸어요.

목숨까지 걸고 바른 파우더

"이제 현수 양복을 보러 가자. 몇 층이더라?"

층별 안내도를 보니 남성복은 3층에 있었어요. 세 사람은 에스컬레이터 쪽으로 걸어갔지요.

"올가을 유행할 컬러예요. 테스트해 보고 가세요."

그때 에스컬레이터 바로 옆 화장품 매장에서 또랑또랑한 목소리가 들려왔어요.

"립스틱이 얼마 안 남았지! 한번 둘러보고 가야겠다."

이모가 점원의 말에 홀린 듯 발을 멈추더니, 양팔에 현수 오빠와 은서를 끼고 화장품 매장 쪽으로 갔어요. 은서는 고개를 절레절레

흔드는 현수 오빠를 보며 키득거렸어요.

 매장에는 갖가지 화장품이 빼곡하게 진열되어 있었어요. 그러고 보니 사람들은 언제부터 화장품을 만들어 쓸 생각을 한 걸까요? 궁금증을 참지 못하고 은서가 물었어요.

 "이모, 사람들은 언제부터 화장을 했어요?"

 "5만 년 전부터야. 호모 사피엔스보다 먼저 등장한 네안데르탈인도 화장을 했다는구나. 네안데르탈인이 남긴 조개껍데기에서 화장용으로 짐작되는 색소들이 발견되었거든."

 견본으로 내놓은 립스틱을 바르며 이모가 대답했어요.

 "와, 원시인도 화장을! 은서야, 네안데르탈인이 갑자기 친근하게 느껴지지 않니?"

 현수 오빠가 장난스럽게 말했어요. 이모는 차분히 설명을 이어 갔어요.

 "먼 옛날에는 두려움을 떨쳐 내고 자신을 보호하려고 화장을 했어. 사냥에 나서거나 전투하러 갈 때 또는 악령을 물리치려 할 때, 그리고 뜨거운 햇볕과 세찬 바람을 막으려고 화장을 했지. 고대 이집트인은 누군가 죽어서 슬플 때처럼 특별한 경우가 아니면 늘 몸단장에 신경 썼어. 남자도 예외가 아니었지."

 "맞아요. 고대 이집트 벽화 속의 남자도 눈썹과 눈 주위를 짙게 칠했더라고요."

은서가 책에서 본 그림을 떠올리며 말했어요.

"고대 이집트인의 눈 화장에는 태양신 호루스를 숭배하는 마음이 담겨 있었어. 다른 한편으로는 자기 모습이 다른 사람의 눈동자 속에 갇힐까 봐 두려워했대. 그렇게 되지 않도록 눈 주위를 검게 칠해서 햇빛을 흡수하고 자기 모습이 비치지 못하게 했을 거라고 해."

현수 오빠가 스마트폰으로 호루스를 찾아 은서에게 보여 줬어요. 특이하게도 사람 몸에 매의 머리를 한 모습이었어요.

"이집트 신화에 등장하는 신들은 인간처럼 생긴 신도 있지만, 이렇게 동물의 머리를 한 신도 있어. 호루스는 이집트의 왕, 즉 파라오가 되는 신이라 호루스의 눈은 파라오의 왕권을 상징했대."

"실용적인 목적도 있었어. 눈가를 그렇게 칠해 놓으면 눈을 자극해서 눈물이 자꾸 나거든. 덕분에 메마른 사막에서도 눈을 촉촉이 유지할 수 있었대."

매장에 진열된 아이라이너들을 훑어보며 이모가 말했어요.

"화장하는 이유가 요즘과는 많이 달랐네요."

"아름답게 꾸미는 화장술은 고대부터 발달했어. 하지만 아름다

움의 기준은 시대와 장소에 따라 달라진단다."

"그렇죠. 보기 나름이니까요."

"레오나르도 다빈치가 그린 〈모나리자〉 알지? 여자들이 뽀얀 피부를 돋보이게 하려고 모나리자처럼 눈썹을 거의 다 뽑은 적도 있었어."

"큭, 그래서 모나리자 눈썹이 거의 없었구나."

은서는 두 손으로 입을 가리고 웃었어요.

"그뿐인 줄 아니? 당시 사람들은 파우더로 피부를 뽀얗게 덮었어. 문제는 납 성분이 든 '백연'이라는 가루도 마다하지 않고 썼다는 거야. 백연 가루는 고대 로마 시대부터 오랫동안 화장품으로 쓰였어. 천연두를 앓고 나서 얼굴 여기저기가 우묵하게 팬 사람들도 흉터를 가리려고 이 가루를 발랐지. 백연 가루에 든 납 성분 때문에 얼굴이 시퍼렇게 상했지만, 그럴수록 더 열심히 파우더를 발라 댔어."

"헉, 얼굴이 시퍼레질 정도면 몸에 안 좋은 거 아니에요?"

은서가 깜짝 놀라 말했어요.

"맞아, 18세기 영국 최고의 미녀로 꼽히던 마리아 거닝도 파우더를 열심히 바르다가

· 마리아 거닝

그만 젊은 나이에 납중독으로 세상을 떠나고 말았단다."

"예뻐 보이려다 죽다니, 너무 불쌍해요."

은서가 울상을 지었어요.

"19~20세기에 이르러서는 의학 지식과 과학 기술에 힘입어 화장품 성분 검사를 철저히 하게 되었단다."

"요즘에는 동물 실험에 반대하는 화장품도 나오고, 천연 재료로만 만든 화장품도 있던데."

현수 오빠가 말했어요.

"화장품도 사람에게든 동물에게든 이로운 방향으로 점점 발전하는구나."

은서가 고개를 끄덕였어요.

여성 해방의 상징이 된 립스틱

"립스틱도 역사가 오래되었어. 물론 처음부터 지금과 같은 막대 형태는 아니었고, 입술에 바르는 염료인 입술연지로 시작했지. 혹시 인류 최초의 문명이 어디서 탄생했는지 아니?"

"메소포타미아 아닌가요?"

은서가 만화책에서 읽은 내용을 떠올리며 대답했어요.

"우리 은서 똑똑하네. 맞아. 메소포타미아는 티그리스강과 유프라테스강 사이에 있는 초승달 모양의 비옥한 땅이야. 메소포타미

아라는 이름도 '두 강 사이에 있다'는 뜻이지. 이 지역에서 최초로 문명을 꽃피운 사람들이 수메르인이야. 최초의 입술연지도 수메르인이 살던 도시 국가 우르에서 발견되었어. 고대 이집트인도 입술연지를 발랐는데, 푸른색을 아주 좋아해서 입술도 짙은 남색으로 바르곤 했지."

"입술에 남색을요? 취향 참 독특하네요."

"고대 이집트인은 푸른색이 악한 기운을 몰아내고 행운을 가져온다고 여겼거든. 일반적으로 립스틱은 얼굴에 생기를 주려고 바르지만 말이야. 입술연지를 열심히 바른 영국 여왕이 있었는데…… 갑자기 생각이 안 나네. 에스파냐의 무적함대를 꺾은 사람인데. 현수야, 누구더라?"

"엘리자베스 1세 말이죠?"

현수 오빠가 안경을 추켜올리며 말했어요.

"맞다! 엘리자베스 1세(1533년~1603년)는 영국의 전성기를 이끈 여왕인데, 결혼하지 않아서 왕위를 이을 자식이 없었어. 그래서 자기가 늙고 병들면 나라가 흔들릴까 염려한 나머지 젊은 모습을 유지하려고 애썼대. 화장에 열을 올리는가 하면, 늙어서도 자기 초상화만은 젊고 활력 있는 모습으로

· 엘리자베스 1세

그리게 했다지. 17세기 초, 70세의 나이로 세상을 떠나는 순간에도 엘리자베스 1세의 입술에는 입술연지가 두껍게 발려 있었다는구나."

"그러면 왕이나 귀족 말고, 평범한 사람들은 언제부터 화장품을 쓴 거예요?"

"19세기 후반에 사진 찍는 사람들이 늘어나면서 화장품 인기가 치솟았어. 사진은 영원히 남으니까 아름다운 모습을 담아야 하잖아. 그 무렵 개인용 거울도 널리 퍼지면서, 사람들이 자기 얼굴에 더 관심을 갖고 화장도 자주 하게 되었어."

"그럼 화장품을 언제든 바를 수 있도록 갖고 다녔겠어요."

"응. 20세기로 접어들 무렵, 프랑스 화장품 회사 겔랑에서 막대 모양의 립스틱을 처음 만들었어. 그 립스틱은 종이로 포장되어 있었지. 지금처럼 금속 용기에 담긴 립스틱은 1915년 미국에서 만들어졌어. 그 뒤로 대량 생산되어 여성들 사이에 퍼져 나갔고. 제1차 세계 대전(1914년~1918년)이 한창일 때였지."

"세계 대전이면…… 전 세계가 전쟁에 휘말린 거예요?"

"응. 유럽 국가들이 중심이었지만, 다른 대륙에 있는 국가들까지 참전했어. 독일이랑 오스트리아·헝가리 제국이 한편이었고, 이에 맞선 연합국에는 러시아, 프랑스, 영국 등이 있었어. 독일 잠수함이 국적을 가리지 않고 공격하자, 미국도 연합국 측에 끼어들면서 진짜 세계 대전으로 발전했지."

"세계 대전이라니 말만으로도 무서워요."

"전쟁은 어느 때든 일어나면 안 되는 비극이지. 제1차 세계 대전으로 유럽이 처참하게 파괴되었고, 수많은 사람이 희생되었어. 하지만 이 전쟁으로 많은 여성이 사회에 진출했단다."

은서가 영문을 모르겠다는 듯 눈을 동그랗게 떴어요. 전쟁이 일어났는데 어떻게 여성이 사회에 진출했다는 걸까요?

"전쟁 중에도 여러 가지 군수품이나 생필품을 만드는 공장에서 일할 사람이 필요하거든. 그런데 남자들은 거의 다 전쟁터에 나가 있으니, 여자들이 그 자리를 메우게 된 거야."

은서가 그제야 알겠다는 듯 고개를 끄덕였어요.

"그런데 여자는 남자와 똑같이 일해도 남자만큼 대우받지 못했고, 정치에 참여할 권리도 없었어. 그러다 보니 1912년 뉴욕에서 여성의 정치 참여를 요구하는 시위가 벌어졌는데, 이 시위에 참여한 여성들은 붉은 립스틱을 바르고 거리를 행진했어. 이때 립스틱은 여성 해방을 상징했단다."

"립스틱을 바르는 게 아주 눈에 띄고 의미 있는 일이었군요."

"응. 그리고 경제가 어려울수록 립스틱이 불티나게 팔린다는 얘기도 있어. 립스틱은 비싸지 않아서 부담 없고, 입술에 살짝 변화를 주기만 해도 삶에 활력이 생기거든. 그런 의미에서, 나도 요거

하나 사야겠다!"

오렌지색 립스틱을 집어 든 이모가 밝게 웃었어요.

진주 탄생에 숨겨진 비밀

백화점 안을 이리저리 돌아다니다 보니 조금 더웠나 봐요. 은서는 뺨에 붙은 머리카락을 귀 뒤로 넘겼어요.

"은서 귀고리 했구나. 예쁘다!"

"귀고리 하면 얼굴이 확 달라 보인대요. 제 친구들도 많이 해요."

"엘리자베스 1세 시대 영국 궁정에서는 귀족 남자들도 진주 귀고리를 했어."

현수 오빠가 안경을 추켜올리며 말했어요.

"앗, 정말?"

"사진 찾아서 보여 줄게. 다리도 아프니 저기 앉아서 잠깐 쉬자."

현수 오빠는 엘리베이터 앞 소파에 앉더니 스마트폰으로 사진을 검색하기 시작했어요.

· 월터 롤리 경

"엘리자베스 1세의 충성스러운 신하, 월터 롤리 경이야."

"헉, 귀고리가 제법 크네!"

현수 오빠가 보여 준 초상화 속 월터 롤리 경은 고급스러운 옷차림에 진주 귀고리를 하고 있었어요. 검은 수염과 대비되어 진주 귀고리가 도드라져 보였어요.

"엘리자베스 1세는 드레스에 보석을 잔뜩 붙이고 위엄을 과시했는데, 진주를 특히 좋아해서 영국 궁정에서 진주가 유행했대. 진주는 평생 결혼하지 않은 엘리자베스 1세에게 딱 어울렸지."

"왜? 하얀 진주가 순수해서?"

"맞아. 진주는 티끌 하나 없는 하얀색이 순수한 느낌을 주지. 진주의 뽀얀 광택이 신비로운 느낌을 주기도 하고. 그런데 모든 진주가 하얗고 동그란 건 아니야. 눈물 모양 진주도 있고 흑진주, 노란 진주도 있어. 진주는 조개에 생긴 상처에 따라 크기와 모양이 달라져."

"상처 때문에 진주가 생긴다고?"

"진주조개는 기생충이나 모래알이 몸에 들어와 상처가 생기면 그 부분을 탄산칼슘으로 덮는단다. 몇 년 동안 겹겹이 쌓인 탄산칼슘이 진주가 되는 거야."

이모가 진주조개에서 진주가 생기는 과정을 설명해 주었어요.

"진주조개는 바다 깊은 곳, 바위에 꼭 붙어 있어서 사람들이 목숨을 걸고 구해 와야 했어. 천연 진주는 진주조개 3만 개 중 스무 개쯤에만 들어 있을 정도로 드물거든. 사고팔 만큼 가치가 있는 진주는 더 드물고."

현수 오빠의 설명이 이어졌어요.

"그럼 진주가 아주 귀하고 비쌌겠네."

"맞아. 그래서 당시에는 왕이나 귀족이 아니면 갖기 어려웠어. 16세기 유럽에서는 손 안에 꽉 찰 정도로 큼직하고, 서양배처럼 생긴 진주를 최고로 쳤어. 에스파냐 국왕 펠리페 2세가 엘리자베스 1세의 배다른 언니인 메리 1세에게 청혼하면서 커다란 진주를 선물했지. 그 진주를 엘리자베스 1세가 몹시 탐냈다고 해."

"지금은 진주가 그렇게까지 귀하진 않죠?"

"그렇지. 천연 진주뿐 아니라 양식 진주도 있으니까."

은서는 완도에 놀러 갔을 때 들른 김 양식장이 생각났어요. 진주도 김처럼 바다에서 기르는 걸까요?

"진주 양식은 19세기 말, 미키모토라는 일본 사람이 처음으로 성공했어. 미키모토는 몇 년 동안 실패를 거듭한 끝에 진주 핵이 될 만한 물질을 조개에 넣은 다음, 다른 조개의 살아 있는 조직으로 진주 핵을 덮어서 동그란 진주를 만들어 냈대. 미키모토는 나중에 위대한 발명가 에디슨을 만났는데, 그 자리에서 에디슨이 자신도 해내지 못한 일을 이루었다며 미키모토를 칭찬했다는구나."

이모가 진주 양식에 성공한 일본인 이야기를 들려주었어요.

"마침내 사람의 힘으로 진주를 만들 수 있게 된 거야. 그 뒤로 양식 진주가 대중 사이에 점점 퍼져 나갔지."

반짝이는 진주가 조개의 상처에서 시작된다니 참 신기한 일이에요. 수많은 실패 끝에 양식 진주를 만들어 낸 인간도 정말 대단하죠?

다이아몬드를 향한 인간의 탐욕

"엄마, 목걸이 수선 맡겨야 한다고 하지 않았어요?"

"참, 맞아. 현수가 말 잘했네. 온 김에 들렀다 가자."

세 사람은 맞은편에 있는 장신구 매장으로 갔어요. 진열장마다 환한 조명 아래 장신구들이 반짝이고 있었어요. 점원 아저씨가 수선 접수 등록을 하는 동안, 은서는 유리 덮개 아래에 진열된 장신구를 둘러보았어요.

"에메랄드도 옛날부터 귀한 보석이었어. 어때, 신비롭지 않아?"

이모가 초록빛으로 반짝이는 귀고리를 가리켰어요.

"정말 반짝반짝 예뻐요. 저런 초록빛이 나는 것도 신기하고요."

"세상에서 가장 오래된 에메랄드 광산은 이집트에 있었대. 이집트 여왕 클레오파트라는 에메랄드가 그득한 방에서 황금 옷을 입고 카이사르를 맞았다는구나. 이집트의 풍요를 뽐낸 거지."

"전 다이아몬드가 가장 귀한 보석인 줄 알았어요."

"옛날 사람들은 주로 사악한 힘을 물리치기 위해 다이아몬드를 갖고 다녔대. 다이아몬드가 오늘날처럼 결혼 예물이 된 건 19세기 후반의 일이고. 그 무렵 남아프리카에서 다이아몬드 광산이 발견됐거든. 현수가 요즘 읽고 있는 책에 킴벌리 얘기가 나온댔지?"

"네, 맞아요. 어느 날 남아프리카 공화국의 킴벌리 근처 오렌지 강 연안에서 반짝이는 돌멩이가 발견되었는데, 그게 다이아몬드 원석이었죠. 소문이 퍼지자 사람들이 마구 몰려왔고요. 너도나도 다이아몬드 원석을 찾아 땅을 파다 보니 거대한 구멍이 생겼어요. 이 구멍을 '빅 홀'이라고 부르는데, 다이아몬드를 탐낸 인간의 욕심을 잘 보여 주죠."

현수 오빠가 스마트폰으로 '빅 홀' 사진을 찾아 보여 주었어요.

"으악, 정말 구멍이 생겼네!"

은서는 이맛살을 찌푸렸어요.

"다이아몬드를 향한 욕심 때문에 19세기 말에는 보어 전쟁까지 일어났잖아."

인간의 욕심으로 땅에 구멍을 내더니, 급기야 전쟁까지? 은서는 이모 이야기에 귀를 기울였어요.

· 남아프리카 킴벌리의 빅 홀

"보어 전쟁이요?"

"보어는 네덜란드어로 '농민'을 뜻해. 17세기부터 남아프리카로 이주한 네덜란드인의 후손을 '보어인'이라고 하지. 18세기 말부터 영국인이 남아프리카에 들어와 케이프 식민지를 차지하자, 보어인들은 북동부 내륙으로 올라가서 트란스발 공화국과 오렌지 자유국을 세웠단다. 그런데 이 두 나라에서 금과 다이아몬드 광산이 발견되니까, 광산을 차지하기 위해 영국이 전쟁을 일으킨 거야. 두 나라를 세운 보어인에게서 이름을 따서 이 전쟁을 보어 전쟁이라고 부르지."

"한마디로 유럽 사람들이 아프리카에 와서 서로 치고받고 싸운 거네요. 아프리카 사람들은 뭔 죄래요."

은서가 못마땅한 표정을 지었어요.

"아프리카 식민지를 다스린 영국인 중에서도 세실 로즈라는 남자가 아주 탐욕스러웠어. 남아프리카 공화국의 케이프 지역을 다스린 총독이었는데, 총독 자리에서 물러난 뒤 드비어스라는 다이아몬드 회사를 차렸지. 그런데 남아프리카에서 다이아몬드를 많이 캐낸 뒤 다이아몬드 값이 올랐을까 내렸을까?"

"구하기 힘들수록 값이 오르고, 쉬울수록 내려가겠죠?"

"맞아. 그래서 드비어스사는 적은 양의 다이아몬드만 시장에 내놓아서 다이아몬드 값을 비싸게 유지했어. 그리고 사람들이 다이아몬드를 꼭 갖고 싶어지게끔 낭만적인 이야기를 퍼뜨렸지."

"낭만적인 이야기라면 혹시, 사랑 이야기요?"

"응. '다이아몬드는 영원히'라는 광고 문구를 만들고, 연인에게 다이아몬드 반지를 선물하면서 변치 않는 사랑을 약속하라는 이야기를 퍼뜨렸지."

"은서야, '블러드 다이아몬드'라는 말은 들어 봤어?"

현수 오빠가 진지한 표정으로 물었어요.

"블러드(blood)면 '피' 아니야?"

"그렇지. 블러드 다이아몬드는 피로 얼룩진 다이아몬드라는 뜻이야. 아프리카 분쟁 국가들이 다이아몬드를 팔아 전쟁 자금을 마련했거든. 그것도 사람들을 마구 괴롭혀서 캐낸 다이아몬드로 말이야. 드비어스사는 그 사실을 모른 척하면서 아프리카 여러 나라

에서 다이아몬드를 사 갔어. 그 사실이 국제 사회에 알려지면서 큰 충격을 안겨 주었지. 그 뒤 분쟁 지역의 다이아몬드는 사는 것도 파는 것도 금지되었어."

 은서는 진열대에 놓인 다이아몬드를 찬찬히 들여다보았어요. 여전히 아름다운 보석이었지만, 다이아몬드를 얻으려고 땅을 함부로 파헤치고 전쟁을 일으켰던 사람들을 떠올리자 어쩐지 씁쓸한 기분이 들었어요.

크로아티아 병사들의 스카프에서 발전한 넥타이

"이제 현수 양복 사러 가자."

세 사람은 남성복이 있는 층으로 올라갔어요.

현수 오빠는 한 매장에서 마음에 드는 양복 한 벌과 와이셔츠를 골랐어요.

"와, 오빠 몰라보겠는데!"

탈의실에서 나온 오빠의 말쑥한 차림새에 은서가 엄지를 치켜들었어요.

"잘 어울리네요. 지금 입은 양복에 이 넥타이는 어떠세요?"

점원 아저씨가 자주색 넥타이를 현수 오빠가 입은 양복저고리에 대 보며 말했어요.

"한번 매 주시겠어요? 얘가 넥타이를 맬 줄 몰라서요."

이모가 부탁하자 점원 아저씨는 빙긋 웃으며 자기 목에 넥타이를 둘렀어요.

"잘 보세요. 이렇게 두르고, 돌려서……."

아저씨는 동그랗게 묶인 넥타이를 현수 오빠 목에 매 주었어요.

"이렇게 입혀 놓으니 인물이 훤하네!"

이모는 얼굴 가득 흐뭇한 웃음을 지었어요.

"이건 조금 밝은 톤이고, 이건 품이 넉넉해서 편안할 거예요. 천천히 입어 보세요."

현수 오빠가 정장 몇 벌을 더 입어 보는 동안, 은서는 넥타이가

가지런히 놓인 진열대를 둘러보았어요. 진열대를 가득 채운 각양각색의 넥타이가 마치 미술 작품처럼 보였어요. 그런데 누가 처음으로 넥타이를 맬 생각을 했을까요?

"넥타이는 언제 생겼을까?"

은서가 중얼거린 혼잣말을 들었는지, 점원 아저씨가 슬쩍 다가와 말을 건넸어요.

"넥타이의 역사는 꽤 오래되었단다. 진시황(기원전 259년~기원전 210년)이라고 들어 봤니?"

"중국을 최초로 통일한 진나라 황제잖아요."

· 트라야누스의 원기둥.
로마 병사들의 모습이 새겨져 있다.

"잘 알고 있구나. 진시황은 죽은 뒤에도 병사들이 지켜 주길 바랐던 모양이야. 진시황의 무덤인 진시황릉에서 흙을 빚어서 만든 실물 크기의 병사 인형들이 잔뜩 나왔거든."

"저도 책에서 봤어요. 병마용이라고 하던가요? 저마다 다른 병사에 말, 마차까지, 진짜 살아 있는 것 같았어요."

"오호, 잘 알고 있구나. 그럼

48

그 병사 인형들이 목에 천을 두르고 있던 거 기억하니? 비슷한 시기 로마 병사들도 마찬가지였지. 이탈리아의 수도 로마에는 2천 년쯤 전에 만든 커다란 원기둥이 있어. 로마의 전성기를 이끈 황제 트라야누스(53년경~117년)가 다키아 전쟁에서 승리한 기념으로 세운 기념비란다. 기둥 겉면에 전투 장면이 새겨져 있는데, 여기 새겨진 로마 병사들도 목에 천을 두르고 있지."

"흠…… 추워서 목을 따뜻하게 감싼 걸까요?"

"그럴 수도 있고, 명예로운 군인이라는 표시일 수도 있어. 아니면 전쟁에서 무사하길 바라며 천을 부적처럼 목에 둘렀을 수도 있지. 이처럼 남자들이 목에 천을 두른 역사는 길지만, 오늘날과 같은 넥타이는 프랑스 루이 14세(1638년~1715년) 때 생겨났단다."

"30년 전쟁이 한창이었을 때죠."

이야기를 듣고 있던 현수 오빠가 넥타이를 조금 느슨하게 풀며 말했어요.

"자, 이것도 한번 매 봐요. 깔끔한 느낌이 들 거예요."

아저씨가 푸른색 넥타이를 현수 오빠에게 건넸어요.

"무슨 전쟁을 30년이나 했어?"

궁금증이 생긴 은서가 현수에게 다가가 물었어요.

"1618년부터 1648년까지 30년 동안 유럽 국가들이 벌인 전쟁이야. 칼뱅파 같은 신교와 가톨릭(구교) 사이의 갈등으로 시작됐지."

"오, 역사에 관심이 많나 보군요."

아저씨의 눈이 휘둥그레졌어요.

"30년 전쟁은 오랜 시간 벌어진 만큼 유럽 역사를 많이 바꿔 놓았어."

이모가 슬쩍 끼어들자, 아저씨가 얼른 말을 받았어요.

"그 전쟁 중에 프랑스를 도우러 온 크로아티아 병사들이 스카프를 목에 두르고 있었다고 해요. 스카프를 목에 걸친 다음 매듭지어 두 자락을 자연스럽게 늘어뜨렸더라나. 그 모습을 본 루이 14세가 긴 천을 목에 감고 다녔고, 그 뒤 프랑스 궁정에서 유행하면서 '크로아티아 병사'를 뜻하는 '크라바트'라고 불렸다고 하죠."

"크-라-바-트! 어쩐지 세련된 느낌이에요."

은서가 또박또박 발음해 보며 웃었어요.

"크라바트가 넥타이로 불리게 된 건 영국으로 건너가면서부터예요. 목을 뜻하는 넥(neck)에 묶는다는 뜻의 타이(tie)가 합쳐진 말이죠. 프랑스에서 화려하고 풍성한 형태가 유행했다면, 영국에서는 좀 더 가볍고 단순한 형태로 바뀌었고요. 넥타이는 유럽 전역으로 퍼지면서 다양한 형태와 매듭으로 변화해 나갔답니다."

"넥타이에도 오랜 역사가 있군요."

은서가 두 손을 모으고 눈을 반짝였어요.

"그렇죠. 그 역사가 이어져 이렇게 세련된 넥타이도 나오게 된 거고요. 자, 여기 있습니다."

아저씨가 웃으며 양복과 와이셔츠, 넥타이가 담긴 쇼핑백을 건넸어요.

"도와주신 덕분에 쉽게 골랐어요. 고맙습니다."

현수 오빠가 웃으며 쇼핑백을 받아 들었어요.

스타킹에 하이힐, 가발로 멋을 낸 남자들

"하도 옷을 입었다 벗었다 했더니 힘드네. 목도 마르고."

눈이 퀭해진 현수 오빠는 피곤한 기색이 역력했어요.

"고생했네. 저기서 좀 쉬었다 가자."

세 사람은 인공 분수 옆에 놓인 의자에 앉았어요.

"이모, 아까부터 궁금했는데요. 남성 정장은 조금씩 차이는 있지만 비슷비슷한 것 같아요. 남자 옷은 늘 이랬던 걸까요?"

은서가 남성복 매장을 돌아보며 말했어요. 마네킹이 입은 양복은 색상이나 재질이 조금씩 달라 보였지만, 대체로 비슷한 디자인이었거든요.

"좋은 질문이야. 프랑스 혁명 이야기부터 해야겠구나."

"혁명이요?"

"그래. 관습이나 제도를 비롯해 사회를 완전히 바꿔 놓는 일을 혁명이라고 해. 1789년에 일어난 프랑스 혁명으로 왕에게 권력이 집중되어 있던 절대 왕정이 무너졌어. 당시 프랑스를 다스리고 있던 루이 16세(1754년~1793년)와 왕비 마리 앙투아네트는 단두대에서 처형됐지."

"어쩌다 왕과 왕비가 처형까지 당했어요?"

"프랑스 혁명 이전 유럽에서는 성직자와 귀족은 온갖 특권을 누렸지만, 평민은 하루하루 힘겹게 일하며 가난하게 살았어. 그런 부당한 현실에 맞서 시민들이 혁명을 일으켰고, 급기야 절대 왕정의 왕과 왕비가 처형된 거야."

"엄마도 참, 그렇게 얘기하면 실감이 안 나죠. 은서야, 절대 왕정의 대표적 인물, 루이 14세의 옷차림부터 볼래? 얼마나 사치스러웠는지 바로 와닿을걸."

현수 오빠가 스마트폰으로 루이 14세의 초상화를 보여 주었어요. 그림 속 루이 14세는 흰색 스타킹에 하이힐을 신고 각선미를 뽐내고 있었어요. 하이힐의 빨간 굽과 리본이 눈길을 끌었지요.

"헉, 남자들이 이렇게 입었다고? 엄청 화려하네."

"물론이지. 루이 14세는 예술 감각이 뛰어난 사람이었어. 루이

14세가 다스리던 시절에 베르사유 궁전이 완성된 사실만 봐도 알 수 있지. 루이 14세는 늘 세련된 옷차림으로 사람들 앞에 나타나 패션의 유행을 이끌었어. '루이카토르즈'라고 들어 봤어?"

"아까 1층 매장에 있던데! 브랜드 이름 아니야? 거기 지갑이 예쁘더라고."

"맞아. 프랑스의 패션 브랜드인데, '카토르즈'는 프랑스어로 14를 뜻해. 루이카토르즈는 루이 14세에서 따온 이름이지. 루이 14세가 다스릴 때 프랑스 패션이 유럽에 큰 영향을 끼쳤거든."

"오호! 그런데 이 사람, 머리는 파마한 거야?"

은서가 루이 14세의 어깨를 덮은 뽀글뽀글한 머리카락을 가리켰어요.

· 루이 14세

"그건 가발이야. 당시 유럽의 상류층 남자들은 '위그'라고 하는 가발을 썼어. 가발 위에 하얀 파우더까지 뿌려 멋을 내기도 했지. 루이 14세는 풍성한 가발을 쓰고 하이힐을 신으면 키가 커 보인다고 좋아했대."

"그렇게 꾸미고 나가려면 엄청 고생했겠다."

· 영국 백작 리처드 색빌

"하인들이 일일이 시중을 드니 가능한 일이었지. 이 그림은 17세기 영국 백작 리처드 색빌을 그린 초상화야. 어때?"

현수의 스마트폰 화면에는 수염을 기른 남자가 화려한 무늬 스타킹에 구두를 신고 있었어요. 옆이 트인 세련된 구두에는 큼지막한 장식까지 붙어 있었지요.

"스타킹에 예쁜 구두를 신었네. 지금 봐도 과감한 패션이야!"

"유럽에서는 오랫동안 여자들이 긴 치마로 다리를 감춰야 했어. 그 시절 사람들은 긴 치마가 여성스럽다고 생각했거든. 그래서 남자들이 고급스러운 스타킹을 신고 으스댔지. 구두도 남자가 여자보다 장식이 많고 화려한 것을 신었어."

이모가 우스꽝스러운 표정을 지으며 말했어요.

"남자가 여자보다 더 멋을 부렸다니, 뜻밖이에요."

"본래 생물 대부분은 수컷이 암컷보다 화려해. 꽁지 깃털을 활짝 펼치는 공작을 본 적 있니?"

"그럼요. 동물원에서 봤어요."

"그런 공작은 수컷이야. 수컷이 화려한 이유는 암컷의 마음을 사로잡기 위해서라고 해. 인류 역사를 돌아봐도 한동안 남성 패션이 여성 패션 못지않게, 아니 어쩌면 더 화려했단다."

이모와 오빠는 언제 피곤했냐는 듯 이야기를 이어 갔어요.

긴 바지를 유행시킨 프랑스 혁명

"현수가 보여 준 것처럼 혁명이 일어나기 이전 유럽의 귀족 남자들은 반바지를 입고 고급 스타킹을 신었어. 놀고먹으니까 멋도 부릴 수 있었던 거야. 그럼 프랑스 혁명은 누가 일으켰을까?"

"귀족이 아닌 사람들이었겠죠?"

"그렇지! 프랑스 혁명이 일어날 무렵, 귀족 계급은 아니지만 잘사는 사람들이 늘어났어. '부르주아'라고 불린 사람들이야. 이들이 혁명을 이끌었단다."

"부르주아는 이름만으로도 어쩐지 부유한 느낌이에요."

은서가 웃으며 말했어요.

"법률가나 의사, 또는 은행 일이나 장사를 하다가 부자가 된 사람들이 부르주아였어. 특권을 쥐고 태어난 귀족과 달리, 부르주아는 자기 능력과 노력으로 성공한 사람들이라 신분제를 없애야 한다고 생각했어."

"그래서 혁명을 일으켰군요?"

"응. 프랑스 혁명 중에 발표된 인권 선언에는 사람은 누구나 자유롭고 평등하며, 억압에 맞서 싸울 권리가 있다고 적혀 있지."

"혁명은 성공했나요?"

"혁명이 일어났다고 곧바로 자유롭고 평등한 사회가 된 건 아니야. 프랑스는 거의 100년 동안 혼란을 겪은 끝에 공화국이 되었어. 그동안 다른 나라들도 혁명의 영향을 받았지."

"혁명으로 옷차림에도 변화가 생긴 거예요?"

"응. 귀족의 반바지 대신 민중이 입는 긴 바지가 유행했어."

현수 오빠가 프랑스 국기를 들고 긴 바지를 입은 남자의 모습을 보여 주었어요.

"혁명이 바지 길이를 바꾸다니, 재미있네."

"혁명 후 옷과 구두의 디자인도 단순해졌어. 더 이상 옷차림으로 신분을 과시할 필요가 없었으니까."

이모의 설명이 이어졌어요.

"부르주아는 귀족처럼 근사하게 차려입고 싶어 하진 않았어요?"

"혁명 후 사회를 이끈 부르주아는 사치스러운 귀족 문화를 경멸했어. 부르주아는 시간을 허투루 쓰지 않고 바삐 움직이는 사람들이다 보니 거추장스러운 옷은 질색했지. 그래서 재킷과 긴 바지, 조끼로 이루어진 정장을 입고, 수수한 구두를 신었어."

"그런데 이모, 요즘 남성 정장은 프랑스의 화려하고 멋스러운 분위기와는 안 맞는 것 같아요. 오히려 차분한 것 같은데요?"

"맞아. 영국 스타일의 영향을 받아서 그래. 영국은 청교도 혁명(1642년~1649년)과 명예혁명(1688년)을 거쳐 입헌 군주제 국가가 되었어. 프랑스보다 백 년쯤 앞서 혁명을 겪었지. 영국에서는 어두운 색깔의 수수한 정장이 일찌감치 유행했어. 프랑스 사람들은 정치와 경제가 앞선 영국을 이상적으로 생각하다가 옷차림까지 영향받게 된 거야."

은서는 영국과 프랑스에서 일어난 혁명이 옷차림에까지 변화를 줬다는 게 정말 신기했어요.

"요즘 읽는 책에 나오는데 19세기에 기성복이 생겼대. 그러면서 남성 정장이 더 널리 퍼져 나갔겠지."

현수 오빠가 말했어요.

"기성복?"

"응. 그전에는 한 사람, 한 사람 몸의 치수를 재서 만드는 맞춤복만 있었거든. 기성복은 치수를 다양하게 만들어서 사람들마다 자기 몸에 맞게 골라 살 수 있어. 산업 혁명으로 기계를 사용하게 되면서 기성복을 대량으로 빨리 만들어 내게 되었지."

"남성 정장은 17세기 후반 영국에서 시작되었으니 약 300년의 역사가 있는 셈이야. 프랑스 혁명과 산업 혁명을 거치면서 남성 정장이 세계로 퍼져 나갔고. 유럽에서 정치와 경제를 완전히 바꿔 놓은 혁명이 일어나면서 옷차림에도 혁명이 일어난 거지."

이모가 남성 정장의 역사를 간단히 정리해 주었어요.

"만약 우리가 아직 혁명이 일어나지 않은 유럽에 살고 있다면, 오빠는 반바지에 스타킹과 하이힐을 신었겠네."

은서가 아까 본 그림에 현수 얼굴을 넣어 상상해 보았어요.

"글쎄, 내가 귀족이었다면 그랬겠지."

"상상만으로도 웃기다."

머리를 긁적이는 현수 오빠를 보며 이모가 깔깔대며 웃었어요.

군복에서 일상복으로

"저쪽에 사람이 엄청 모여 있네요. 행사 매대인가 봐요."

"바바리코트를 할인하네. 은서야, 그거 아니? 장교들이 전쟁에서 입었던 옷이 바바리야."

이모가 현수 오빠가 가리킨 곳을 보고 말했어요.

"전쟁터에서 바바리를 입었다고요?"

저런 멋스러운 코트를 군복으로 입었다니, 은서의 눈이 휘둥그레졌어요.

"19세기 말에 영국의 토머스 버버리라는 청년이 개버딘이라는 획기적인 옷감을 만들었어. 그 무렵 방수천은 고무를 코팅해서 만들었던 터라, 무겁고 바람도 잘 안 통했거든. 그런데 개버딘은 방수가 되는데도 가볍고 바람이 잘 통했어. 이 옷감으로 레인코트를 만들자 날개 돋친 듯 팔려 나갔지."

"하긴, 영국은 날씨도 자주 흐리고 습하기로 유명하잖아요. 비옷 입을 일이 많았겠죠."

현수 오빠가 고개를 끄덕이며 추임새를 넣었어요.

"이게 얼마나 획기적인 옷이었냐면, 영국군이 보어 전쟁 때부터 공식 군용 방수복으로 지정할 정도였어. 토머스 버버리가 차린 회사 이름 '버버리'는 아예 가벼운 레인코트를 부르는 공식 명칭이

되어 버렸고 말이야. 그러다 20세기 초에 제1차 세계 대전이 벌어지자, 연합군이 레인코트를 납품해 달라고 요청했어. 이때부터 바바리코트에 트렌치코트라는 별명이 생겼단다."

"트렌치?"

은서가 고개를 갸웃거리자, 현수 오빠가 얼른 설명을 덧붙였어요.

"트렌치는 영어로 '참호'라는 뜻이야. 전쟁 때 적의 공격을 피해 숨을 수 있도록 깊이 파 둔 구덩이 말이야."

바바리코트를 입고 흙구덩이 속에 들어가 있었다니, 좀처럼 상상이 가질 않았어요.

"20세기부터는 전쟁에 첨단 무기가 동원되면서 공격만큼 방어가 중요해졌어. 군인들은 쏟아지는 총알을 피하면서 적을 공격하느라 몇 날 며칠을 참호에서 버텨야 했지. 참호는 몸을 숨기면서 적과 싸우기 위해 파 놓은 흙구덩이일 뿐이잖아. 그러니 환경이 얼마나 열악했겠어. 비가 오면 물도 고였을 테고, 정말 추웠을 거야. 방수도 되고 튼튼한 바바리코트는 그런 상황에 딱 맞는 옷이었지."

"바바리가 마냥 멋지기만 한 옷은 아니었군요."

"이것 보렴. 어깨 위 끈은 계급장을 달기 좋게 생겼잖아. 소매에 달린 벨트를 뜯으면 부상 당한 부위를 꽉 묶어 피를 멈추게 할 수 있었어. 총기를 고정할 수 있는 디(D) 자 고리도 달려 있고."

은서는 이모가 꺼내 든 바바리코트를 이리저리 살펴보았어요. 멋을 내려고 만든 줄 알았던 장식 하나하나가 새롭게 보였어요.

"군복에서 유래한 옷은 바바리코트만이 아니야. 건빵 바지라고도 부르는 카고 바지 아니?"

"건빵 바지요? 무슨 바지 이름이 그래요?"

"은서도 본 적 있을걸? 통이 넓고, 허벅지 좌우 옆면에 커다란 주머니가 달린 바지 말이야."

현수 오빠가 말했어요.

"아, 나도 본 것 같아!"

은서는 얼마 전 음악 방송에서 본 아이돌 그룹의 옷차림을 떠올렸어요. 헐렁한 바지에 큰 주머니가 달려 있었죠.

"카고 바지는 1930년대 영국군의 전투복에서 시작했어. 영국에서는 제2차 세계 대전에 참전하는 군인들을 위해 새로운 군복을 만들었는데, 바지 허벅지 부분에 큼직한 주머니가 있어서 이런저런 물건을 넣고 다니기 딱 좋았지. 그 뒤 다른 나라에서도 군복 바지에 큼직한 주머니를 달면서 카고 바지가 널리 퍼졌어. 우리나라에서는 1990년대에 육군 군복이 카고 바지였거든. 바지 주머니에 건빵을 넣으면 딱이어서 건빵 바지로 부르게 되었대."

"와, 그럼 군복이 패션 아이템이 된 거네."

은서가 신기하다는 듯이 말했어요.

"이 티셔츠는 어떻고."

이모가 마네킹이 입은 푸른 줄무늬 티셔츠를 가리켰어요.

"이 줄무늬 티셔츠는 프랑스 해군이나 러시아 군인들이 군복 속에 받쳐 입는 옷이기도 해."

"군복 속에요?"

"원래는 프랑스 선원들이 푸른 줄무늬가 들어간 흰색 긴팔 티셔츠를 즐겨 입었어. 이 옷을 프랑스어로는 '마리니에르'라고 부르고 영어로는 '머린 룩'이라고 하는데, 19세기 중반쯤부터 프랑스 해군 복장이 된 거야."

"프랑스 군인이 입던 옷은 러시아에도 영향을 줬어. 러시아 군인들은 줄무늬 옷을 겉옷 안에 받쳐 입거든. 러시아어로 '텔냐시카'라고 하는데, 부대마다 줄무늬 색을 다르게 정해서 구별한대."

이야기를 풀어 놓는 이모 옆에서 '밀리터리 덕후'인 현수 오빠가 질 수 없다는 듯이 덧붙였어요.

"줄무늬 옷을 좋아하면서도 군인들이 입던 옷인 줄은 몰랐어."

"당연하지. 줄무늬 옷은 속옷에서 겉옷으로, 군복에서 멋쟁이 패션으로 둔갑했으니까. 프랑스 여배우 브리지트 바르도처럼 유행을 이끄는 사람들이 처음 줄무늬 티셔츠를 걸치고 나타났고, 유명한 화가 피카소도 줄무늬 티셔츠를 즐겨 입었대."

"자, 이제 슬슬 이동해 볼까? 현수 양복을 샀으니 내 옷도 좀 보자. 한 층 올라가면 돼."

은서는 에스컬레이터를 타고 위층으로 올라가면서 남성복 매장을 내려다보았어요. 날마다 입는 옷에도 역사가 있을 거라고는 생각하지 못했어요. 혁명이나 전쟁 같은 역사적 사건이 사람들 옷차림에까지 변화를 주고, 군복이 군대 밖으로 나와 일상복이 되었다니! 은서는 백화점에 또 어떤 이야기가 숨어 있을지 가슴이 두근거렸어요.

여성의 몸을 꽉 조인 코르셋

"유행은 돌고 돈다더니, 떡볶이 코트가 다시 나왔네!"

이모가 더플코트를 입은 마네킹을 보고 반색을 했어요.

"여성복은 정말 다양하네요. 색상도, 디자인도."

현수 오빠가 어색한 듯 주변을 두리번거렸어요.

"각자 취향 따라 입는 거지. 난 저렇게 꼭 끼는 옷은 별로더라."

이모가 마네킹이 입은 블라우스를 가리키며 말했어요.

"저도 품이 넉넉한 옷이 편하더라고요."

은서는 작아진 바지를 입느라 고생했던 일이 떠올라 고개를 절레절레 저었어요.

"그러니 코르셋을 입던 시절에는 얼마나 불편했겠니?"

"코르…… 그런 옷도 있어요?"

"코르셋은 허리를 바짝 조여 주는 서양 속옷이야. 코르셋의 기원은 아주 오래되었을 것으로 짐작돼. 지중해에 있는 크레타섬에서 기원전 2500년 무렵 서양 최초의 문명이 발달했는데, 이 섬에서 발견된 유물과 그림에서도 허리를 졸라맨 옷을 입은 여성을 볼 수 있단다."

"코르셋을 여자만 입었던 것은 아니던데요? 뚱보로 이름난 영국 왕 조지 4세(1762년~1830년)도 코르셋으로 뱃살을 눌러 감췄대요."

현수 오빠가 장난스럽게 두 손으로 자기 배를 가리며 말했어요.

"맞아. 코르셋은 시간이 지나면서 여성의 몸을 답답하게 가두는 속옷으로 발전했어. 그러다 여성의 가는 허리를 이상적으로 여긴 19세기에 전성기를 맞았지. 이 시기 여성들은 코르셋 끈을 최대한 졸라매 가녀린 허리를 뽐냈단다."

"코르셋을 입으면 허리가 가늘어지나 보죠?"

· 젊은 여인의 코르셋 끈을 조여 주는 남편과 하인

은서가 물었어요.

"그 정도면 다행이게. 코르셋은 뻣뻣한 천 속에 강철이나 고래수염 같은 심을 넣어 만들었어. 그러니까 마치 깁스를 한 것처럼 가슴부터 허리까지 상체를 단단히 압박했지."

이모가 생각만 해도 심란하다는 듯 이맛살을 찌푸렸어요.

"그러다 보니 멍이 드는 건 물론이고, 갈비뼈가 휘거나 부러지고 몸속 기관이 뒤틀리기까지 했대. 심지어 숨을 제대로 쉴 수 없어 기절하는 일도 많았고. 오죽하면 귀족들은 집에 '기절 방'을 따로 마련해 두고 쓰러진 여자들을 쉬게 했다더라."

현수 오빠가 팔짱을 끼며 심각한 목소리로 말했어요.

"헉, 그렇게 위험한 옷을 입었다고?"

"그 시절 유럽에서는 여성의 큰 가슴과 엉덩이, 가는 허리가 매력적이라고 생각했거든.”

이모가 흘러내린 안경을 밀어 올리며 말했어요.

“에이, 남의 몸을 가지고 이러쿵저러쿵하면 안 되죠!”

“서양에서만 이런 일이 있었던 건 아니야. 중국에는 전족이라는 풍습이 있었잖아. 모름지기 여자 발은 작아야 한다면서 여자아이들의 발을 꽁꽁 동여매 놓았지.”

“한창 자랄 나이에 발을 꽁꽁 동여매 두었으니 얼마나 불편했겠어. 몸에 비해 발이 비정상적으로 작으니까 제대로 걷지도 못하고 온몸이 뒤틀리기까지 했대.”

이모와 현수 오빠의 이야기를 들은 은서는 자기 발이 꼭 묶인 것처럼 울상을 지었어요.

“몸을 망가뜨리는 옷이라니……. 코르셋은 이제 사라진 거죠? 전족은요?”

“코르셋과 전족 모두 20세기 초에 사라졌어. 코르셋은 편한 속옷이 나오면서 자연스럽게 대체되었고, 전족은 나라에서 법으로 금지하면서 사라졌지. 코르셋을 위아래로 나눈 것이 바로 브래지어와 거들이야.”

“과학 기술이 발달하면서 점차 옷을 만드는 면의 품질이 좋아지고, 나일론이나 스판덱스같이 신축성이 좋은 합성 섬유도 개발되었어. 그 덕분에 점점 몸에 편한 속옷이 만들어졌고.”

"휴, 다행이다!"

"옛날에야 남의 시선을 신경 쓰느라 건강에도 안 좋은 코르셋을 착용하고 전족을 해야 했지. 하지만 요즘엔 다들 주위의 시선보다는 자기 개성이나 편안함을 더 중요하게 여기잖아. 사람의 몸은 저마다 다른 게 자연스럽지. 억지로 하나의 틀에 몸을 맞추지 말자는 게 요즘 분위기인 것 같아."

"요새 기업들도 광고에서 '내 몸을 긍정하자'는 메시지를 많이 내세운다고 하더라고요. 속옷도 다양한 체형에 맞춰 더 편하게 만들고요."

이모의 말에 현수 오빠도 거들었어요.

"맞아. 이렇게 와이어 없는 브래지어나 봉제선 없는 속옷도 나오고. 전보다 훨씬 다양해졌지."

이모가 원형 진열대에 걸려 있는 속옷을 들춰 보며 말했어요.

"와, 사람들의 생각이 바뀌면 옷도 바뀌네요?"

"그렇지. 그 바뀌는 과정을 지켜보는 것도 역사 공부의 즐거움이란다."

이모가 씨익 웃어 보였어요.

우아한 여신처럼 새장 안의 새처럼

"이모, 그런데 프랑스 혁명으로 남자 옷이 바뀌었다고 했잖아요. 그럼 그때 여자 옷도 많이 변했어요?"

여성복 매장을 이리저리 둘러보던 은서가 물었어요.

"좋은 질문이야! 그 시기 여성복은 허리선이 가슴 아래까지 올라오고 폭이 좁은 드레스가 유행했어. 그리스 여신 같은 느낌의 옷이었지."

"그리스 여신이요?"

"프랑스 혁명으로 왕을 처형한 사람들은 시민의 자유와 평등이 보장되었던 고대 그리스·로마 시대를 이상적으로 생각했거든. 좀 어려운 말로는 고전주의를 다시 불러온다고 해서 '신고전주의' 스타일이라고 하는데, 옛 그리스·로마 시절의 옷을 모델로 삼은 거야. 그래서 이 원피스처럼 하늘하늘하니 여신이 입을 것 같은 드레스가 유행했어. 엠파이어 드레스라고 하지."

이모가 마네킹이 입은 긴 시폰 원피스를 가리켰어요.

· 엠파이어 드레스를 입은 프랑스 귀족 여성

"봐, 이게 엠파이어 드레스야."

현수 오빠가 얼른 스마트폰으로 검색한 사진을 보여 주었어요.

"와, 예쁘다! 이런 드레스는 허리도 편했겠네."

"엠파이어는 '황제'를 뜻해. 여기서 황제는 나폴레옹을 말하지."

"나폴레옹? '내 사전에 불가능이란 말은 없다'고 말한 그 사람 말이야?"

"응. 1789년 프랑스 혁명이 일어나고 10년 뒤인 1799년에 나폴레옹이 쿠데타를 일으켰어."

"쿠데타? 쿠데타가 뭐야?"

"군사력으로 정권을 빼앗는 일을 '쿠데타'라고 해. 당시 나폴레옹은 전쟁에서 여러 번 공을 세워 프랑스 사람들에게 인기가 많았어. 그는 내친김에 정권을 잡고 프랑스 혁명의 혼란을 수습했지. 그러고는 국민 투표를 거쳐 황제가 된 거야."

"시민 혁명으로 왕권을 무너뜨렸는데, 다시 황제를 세우다니 좀 뜻밖이다."

은서가 볼을 긁적였어요.

"이런 결말에 크게 실망한 사람도 있었어. 유명한 음악가 베토벤은 나폴레옹을 존경해서 그의 이름을 딴 '보나파르트'라는 교향곡을 만들었다가 황제 자리에 올랐다는 소식에 배신감을 느껴 곡명을 '영웅'으로 바꾸어 버렸대."

• 나폴레옹으로부터 왕관을 수여받는 조제핀

"현수가 설명을 아주 잘하네. 아까 말한 옷은 나폴레옹 1세가 황제로 즉위한 시기에 유행해서 엠파이어 드레스라는 이름이 붙었어. 나폴레옹의 아내 조제핀도 엠파이어 드레스를 입고 아름다움을 뽐냈지."

이모가 다시 설명을 이어 갔어요.

"확실히 프랑스 혁명 전에 귀족들이 입던 옷보다 자연스러워 보여요. 막 치렁치렁하지 않으니 우아한 느낌도 들고요."

"근데 유행은 또 돌고 돈다고, 19세기 중반부터 다시 여자들의 몸을 압박하는 드레스가 유행했어. 특히 부르주아 여자들의 옷은

73

갈수록 화려해졌지."

"부르주아 남자들의 정장은 수수해졌는데, 여자들 옷은 왜 더 화려해진 거예요?"

"남성 정장은 단조로워서 멋을 부리거나 재산을 자랑하는 데 한계가 있잖아. 그래서 부르주아 남자들이 부인에게 값지고 화려한 옷을 입히고 돈 많은 걸 뽐냈던 거야."

은서는 그런 시대에 태어났다면 어땠을까 하고 생각해 봤어요. 부르주아 남편이 고급 옷을 사 주는 건 좋지만, 그 대신 부인은 남편의 말에 고분고분 따라야 했겠지요. 생각에 잠긴 은서를 바라보며 이모는 이야기를 이어 갔어요.

"당시에는 크리놀린을 비롯한 속치마를 입어 치마를 풍성하게 하는 게 유행이었어. 크리놀린은 강철로 만든 여러 개의 버팀대로 이루어져서 마치 새장 같은 모양을 하고 있었어. 페티코트라는 속치마를 여러 벌 겹쳐 입는 대신, 크리놀린 하나만 받쳐 입으면 우아한 드레스를 맘껏 뽐낼 수 있었지. 그런데도 크리놀린 위에 또 페티코트를 겹쳐 입기도 했대. 화려하게 꾸미기에는 좋았지만, 크리놀린 때문에 난처할 때가 많았단다. 언제 제일 불편했을까?"

"새장 같은 걸 몸에 두르고 있으면 걸어 다닐 때나 앉을 때 자리를 많이 차지하지 않았을까요?"

"맞아. 게다가 바람이 불면 치마가 뒤집히는 건 예사였고, 심지

어 바람에 떠밀려 가기도 했대."

"아, 얼마나 창피했을까!"

은서는 자기도 모르게 목소리를 높였어요.

"크리놀린이 한창 유행일 때는 공장에서 일하는 여자나 하녀도 크리놀린을 입었어. 일하기에 편한 옷은 아니었을 텐데 말이야. 영국 도자기 공장에서는 그런 옷차림을 한 여자들이 왔다 갔다 하다가 도자기를 깨뜨리기도 했다는구나."

"헉, 불편하기만 한 게 아니라 위험한 옷차림이었네요."

은서가 고개를 절레절레 저었어요.

갑갑한 옷차림에 갇힌 여성들

"옷은 상황에 맞게 입는 것도 중요하잖아요. 그런데 일을 할 때도 치마를 입었으면, 옛날 여자들은 바지를 못 입었던 거예요?"

은서가 입고 있는 바지를 쭉쭉 늘려 보이며 말했어요.

"원래 바지는 남자 옷, 치마는 여자 옷으로 정해져 있지는 않았어. 전 세계 옷차림의 역사를 살펴보면 남자가 치마를 입기도 했고, 여자가 바지를 입기도 했지. 하지만 중세 유럽 교회는 여자가 바지를 입는 것, 그리고 남장하는 것을 금했단다. 백년 전쟁(1337년~1453년)에서 활약한 프랑스의 영웅, 잔 다르크를 아니?"

"네, 들어 봤어요. 시골 소녀 잔 다르크가 신의 계시를 받고 전쟁터로 나갔다던데요."

"맞아, 영국과 전쟁 중이던 프랑스에서 잔 다르크는 승리의 여신이나 다름없었어. 그런데 잔다르크는 조국을 구하고도 마녀로 몰려 불에 타 죽는 형벌을 받았어. 잔 다르크가 지은 죄 중에 바지를 입은 것도 포함되어 있었지."

"아니, 그럼 치마를 입고 전쟁터에 나가라는 건가?"

은서는 어이가 없었어요.

"마리 앙투아네트가 승마 바지를 입기도 했지만, 근대에 이르러서도 유럽에서 바지 입은 여자는 아주 드물었어. 여자가 바지를 입는 건 남장이라고 생각했거든. 남장은 신이 정해 놓은 질서를 어지럽히는 죄라고 여겼고."

"아무리 그래도 치마만 입는다고 반발하는 여자들은 없었어요? 불편하기도 하고, 위험하기도 했잖아요."

"은서 말대로 19세기 중반부터 여성의 몸을 압박하는 드레스가 건강에 해롭다는 주장이 나오기 시작했어. 이 무렵 미국에서는 여성들이 정치에 참여할 권리를 요구하며 참정권 운동을 벌이고 있었지. 여성도 투표할 권리가 있다며 거리로 나온 거야. 그중 한 사람인 엘리자베스 스미스 밀러가 발목까지 오는 헐렁한 바지를 만들어 입고, 그 위에 무릎까지 오는 치마를 걸쳤어."

· 블루머를 입고 있는 아멜리아 블루머

"그 바지는 '블루머'라는 이름으로 알려졌지. 아멜리아 블루머가 자신이 펴내는 신문에 이 바지를 소개했거든. 엄청난 비난이 쏟아져서 널리 유행하지는 못했지만 말이야."

현수 오빠가 스마트폰으로 블루머를 보여 주며 말했어요.

"평범한 바지 같은데? 바지만 입은 것도 아니고 치마까지 같이 입었는데도?"

은서가 화면을 들여다보며 고개를 갸웃거렸어요.

"크림 전쟁(1853년~1856년) 때 활약한 영국 간호사 나이팅게일도 늘 치마 차림이었어. 여자들은 자전거나 승마 같은 스포츠를 즐길 때도 치마를 입어야 했지."

이모가 딱하다는 듯 혀를 끌끌 찼어요.

"아유, 옷은 상황에 맞게 입어야지요!"

은서는 답답한 나머지 주먹으로 가슴을 콩콩 두드렸어요.

"문제의식도 조금씩 생기고 몇몇 과감한 시도도 있었지만, 여성복은 쉽게 바뀌지 않았어. 지금이야 이렇게 고르기 어려울 정도로 옷이 다양하지만 말이야."

이모는 은서의 어깨를 감싸안고 의류 매장 사이를 걸었어요.

"그래도 무슨 계기가 있었던 거죠? 이모 말대로 이렇게나 옷 종류가 다양해졌잖아요."

"여성들의 옷차림이 간편해진 건 제1차 세계 대전 때부터야. 남성들이 전쟁터에 나가면서 일손이 부족해져서 직장에 나가는 여성이 늘어났거든."

"그때 여성들이 립스틱 바르고 출근하고, 시위에도 나섰다고 하셨죠?"

"응. 치렁치렁한 치마나 답답한 속옷을 입고 일할 수는 없잖아?

자연스럽게 여성들도 활동하기 편한 옷을 입기 시작했어. 1920년대에는 샤넬이라는 디자이너가 처음으로 여자들이 입고 외출할 수 있는 바지를 디자인했단다."

"어, 샤넬! 아까 할아버지 향수도 그 매장에서 샀죠?"

은서가 이모가 들고 있던 쇼핑백을 가리켰어요.

"맞아. 코코라는 별명을 가진 가브리엘 샤넬에게서 브랜드 이름을 따왔지. 샤넬은 패션의 역사에 큰 획을 그은 디자이너야. 무릎을 살짝 덮는 정도로 치마를 짧게 만들고, 여성들이 답답한 옷에서 해방되어야 한다고 주장했어. 그 뒤 이브생로랑 같은 디자이너

· 바지를 입고 있는 코코 샤넬

· 이브생로랑이 디자인한 여성용 바지 정장

는 여성용 바지 정장을 만들었고. 이런 과정을 거치며 여성복도 점점 다양해졌단다."

"디자이너들의 용감한 시도가 패션을 바꾸었군요."

거리를 메운 미니스커트와 청바지

"지금은 당연한 일들이 당연하지 않은 시절이 있었네요."

은서가 여성복 매장을 둘러보며 말했어요. 지금 여성복 매장을 보면, 여자가 바지를 입는 일이 금지되었던 시절을 상상하기가 어려웠어요.

"그렇지. 권위를 내세우거나 신분이나 성별로 사람을 차별하는 문화는 쉽사리 사라지지 않았어. 하지만 역사에는 늘 변화의 계기가 있기 마련이지. 그런 면에서 1960년대는 젊은이들의 저항 정신이 들끓는 시대였어."

"어떤 일이 있었길래요?"

은서는 궁금증 가득한 얼굴로 이모를 올려다보았어요.

"끔찍했던 제1차 세계 대전이 끝났지만, 인류는 1939년부터 1945년까지 다시 엄청난 전쟁을 겪었어. 바로 제2차 세계 대전이지. 두 차례의 전쟁으로 파괴된 유럽은 1960년대에 이르러서야 겨우 회복할 수 있었단다."

"세계 대전이 두 번이나 일어났군요?"

"그렇지. 이번에는 독일, 이탈리아, 일본 같은 군국주의 국가와 영국, 프랑스, 소련, 미국을 중심으로 한 연합국이 맞붙은 전쟁이었어. 은서도 히틀러가 이끈 독일이 유대인을 학살했던 것 알고 있지? 그게 제2차 세계 대전 때 일이야."

"일본군이 여성들을 전쟁터로 끌고 가 위안부로 삼은 만행도 이 전쟁 때 저지른 거고."

이모의 말에 현수 오빠가 한마디 거들었어요. 그 말을 들은 은서의 낯빛이 흐려졌어요.

"응, 일본군 위안부 할머니들에 대한 책을 본 적 있어."

"제2차 세계 대전은 연합국의 승리로 끝났지만, 그 과정에서 초토화된 유럽이 회복되기까지는 시간이 많이 걸렸어. 그러는 사이에 미국과 소련이 서로 경쟁하며 세계를 이끌어 갔지. 미국이 이끄는 자본주의 국가와 소련이 이끄는 공산주의 국가가 날카롭게 맞서게 된 거야. 언제든 전쟁이 일어날듯 위기감이 고조된 이 시기를 사람들은 '냉전 시대'라고 불렀어. '냉전'은 '차가운 전쟁'이라는 뜻으로, 실제로 무력을 사용하는 전쟁인 '열전'에 반대되는 말이지. 그렇다고 냉전 시대에 전쟁이 없었던 건 아니야. 우리 한반도에서는 6·25 전쟁이, 베트남에선 베트남 전쟁이 일어났지."

"참혹한 세계 대전을 겪고 나서 또 전쟁을 일으킨 거네요."

"맞아. 전쟁을 여러 차례 겪으면서 전 세계 사람들은 인류가 걸어온 길을 돌아보게 되었어. 대량 살상을 불러온 과학 기술의 발전과 인간의 탐욕에 대해 곰곰이 생각하면서 말이야. 그 과정에서 젊은이들이 묵묵히 사회에 순응해 온 기성세대에 반발해 들고일어났어. 1968년에 세계를 휩쓴 68운동이 대표적이지."

"프랑스에서 대학생들이 처음 일으킨 운동인데, 나중에는 유럽의 다른 나라는 물론이고 미국과 일본에까지 영향을 줬어. 세계 곳곳에서 일어났지만 공통점은 기존 사회 질서에 저항했다는 거야. 전쟁에 반대하는 시위로 이어지기도 했고."

궁금해하는 은서 표정을 보고는 현수 오빠가 덧붙여 말했어요.

"아, 정말 젊은이들이 큰일을 했네요."

"이 무렵 파격적인 패션도 많이 나왔는데, 그중 하나가 미니스커트야. 영국의 디자이너 메리 퀀트가 유행시켰는데, 사람들은 너무나 짧은 치마에 큰 충격을 받았어. 점잖게 차려입은 사람들이 퀀트의 가게 창문을 마구 두드리며 항의할 정도였다는구나."

"큭, 치마 짧은 게 뭐 대수라고."

은서는 요즘과 너무 다른 시대 이야기에 웃음이 났어요.

"기성세대에게 반감을 샀다는 것마저도 청년의 아이콘답지? 젊은 여성들이 입고 나서면서 미니스커트는 굉장한 인기를 끌었단다. 이 무렵 비달 사순이 유행시킨 혁명적인 헤어스타일도 있지."

"비달 사순도 브랜드 이름이죠? 샴푸 광고에서 본 것 같아요!"

"맞아. 당시 여성들은 파마한 긴 머리를 우아하게 틀어 올리느라 많은 시간을 허비했어. 그런데 비달 사순이 선보인 '보브 커트'는 머리만 감으면 바로 외출할 수 있는 간편한 스타일이었지."

"대박이 났겠네요. 실용적이어서 직장인들한테도 인기가 많았겠어요."

"물론이지. 매력적인 단발에 미니스커트 차림을 한 여성들이 거리를 누비면서 세상이 바뀌었다는 걸 보여 주었어."

"우리나라에서도 1970년대에 미니스커트가 유행했어. 당시 우리나라는 군사 정권이 독재를 펼치는 암울한 시기였지. 젊은이들은 남녀 할 것 없이 머리를 길게 기르고, 청바지나 미니스커트를 입고 저항했어. 정부는 긴 머리를 싹둑 자르고 치마 길이를 자로

재면서 단속에 나섰지만, 젊은이들의 저항을 꺾을 수는 없었어."

현수 오빠가 말했어요.

"그때는 청바지도 튀는 복장이었나 보네."

"당시 청바지는 자유를 상징했거든. 1960년대에는 남녀 구별이 뚜렷하지 않은 패션이 세계적으로 유행하면서, 청바지가 가장 인기 있는 옷으로 떠올랐어. 처음에는 광부의 작업복으로 시작되었지만 말이야."

이모의 말에 여러 모습이 은서의 머릿속을 스쳐 지나갔어요. 여성의 몸을 답답하게 가둔 코르셋과 크리놀린, 비난을 무릅쓰고 입어야 했던 블루머, 점잖은 기성세대에게 큰 충격을 안겨 준 미니스커트, 광부의 작업복으로 출발했지만 자유를 상징하게 된 청바지까지……. 옷 한 벌에도 수많은 역사가 차곡차곡 쌓였다는 게 새삼 놀라웠어요.

남자는 분홍?

"엄마, 주말에 민호 선배가 면접 준비 도와준다고 집으로 오라던데, 뭘 사 가면 좋을까요?"

"그 선배네, 아기 낳았다며? 아기 옷 선물은 어떨까? 바로 위에 아동 브랜드가 모여 있으니 가 보자."

은서는 이모와 현수 오빠를 따라 아동 층으로 올라갔어요.

에스컬레이터에서 내리자 어린이들이 놀 수 있도록 마련된 공간이 눈에 띄었어요. 푹신한 바닥재에 알록달록한 쿠션들이 놓여 있고, 쇼핑하던 어른들은 짐을 내려놓고 아이들을 지켜보고 있었지요. 놀이 공간은 터져 나오는 웃음소리, 아기자기한 장난감과 인형으로 활기가 넘쳤어요.

"저런!"

두어 살쯤 되어 보이는 아이가 아장아장 걷다가 넘어졌어요. 아이가 울지도 않고 씩씩하게 일어서자, 사람들 얼굴에 흐뭇한 웃음이 번졌어요.

"오빠, 그 선배 아이는 아들이야 딸이야? 전에 엄마랑 아기 옷 골라 봤는데, 하나같이 귀엽고 아기자기해서 고르는 재미가 있더라고."

가까운 아기 옷 매장으로 걸어가며 은서가 물었어요.

"내 기억에는 딸이라던데."

"그럼 이런 분홍색 옷이 좋겠네!"

"은서야, 굳이 성별에 따라 색을 고를 필요는 없어."

이모가 이야기에 끼어들었어요.

"그래도 여자아이한테는 파란색보다 분홍색이 어울리지 않아요? 저기도 여자아이 물건은 거의 다 분홍색인데요."

은서는 분홍색으로 가득한 공주 인형 진열대를 가리켰어요.

"사람들이 분홍색을 여성의 색으로 여긴 지는 100년 정도밖에 안 됐어. 그전에는 빨간색이나 분홍색을 남성의 색으로 생각했지."

"어, 정말요?"

"빨강은 권력과 전쟁을 상징하는 남성적 이미지였거든. 빨간색에서 비롯된 분홍색도 당연히 남성적이라고 여겼지."

"그럼 파란색은요?"

"파랑은 서양인들에게 성모 마리아를 떠올리게 하는 색이야. 사람들은 차분한 파란색이 여자에게 어울린다고 생각했어."

"그런데 어쩌다가 빨강, 파랑에 대한 인식이 뒤바뀌었어요? 공중화장실 같은 시설도 보통 남녀 구분이 파란색, 빨간색으로 되어 있잖아요."

은서는 아무리 생각해도 이상해서 고개를 갸웃거렸어요.

"그게…… 종교 개혁이 영향을 주었다는 이야기가 있어."

현수 오빠가 불쑥 끼어들었어요.

"아이, 깜짝이야. 종교 개혁? 그게 뭔데?"

"개혁이라는 게 뭔가를 새로 고친다는 뜻이잖아. 종교 개혁은 서양 사람들 대부분이 믿고 있던 가톨릭을 새롭게 고치자는 움직임이었어. 1517년에 독일에서 마르틴 루터라는 신학자가 면벌부 판매에 반대하면서 시작되었지. 당시 가톨릭교회에서는 신도들에게 벌을 면하게 해 준다는 '면벌부'를 팔아 돈을 벌고 있었거든."

현수 오빠가 기다렸다는 듯이 덧붙였어요.

"성 베드로 대성당을 지을 돈이 부족했는데, 사람들에게 면벌부를 팔아서 마련하려고 했던 거야. 루터가 면벌부 판매를 비판하는 95개조 반박문을 마인츠의 대주교에게 보낸 것이 종교 개혁의 불

· 1521년 종교 개혁 문제를 처리하기 위해 열린 보름스 의회.
루터가 검은 사제복을 입고 당당히 서서 주장을 굽히지 않고 있다.

씨가 되었어. 종교 개혁의 결과로 가톨릭에서 떨어져 나온 신교와 기존의 구교로 기독교 세력이 나뉘었고. 30년 전쟁 기억나지?"

"아, 병사들이 목에 스카프를 둘렀던 그 전쟁 말이지?"

은서가 고개를 끄덕였어요.

"루터는 빨강이 로마 가톨릭교회를 상징한다고 보았어. 루터를 비롯해 신교를 믿는 사람들이 빨강을 멀리하면서 남자들이 점차 빨간 옷 입는 것을 꺼리게 되었대. 그렇게 세월이 흘러 파랑이 남성의 색으로 굳어지면서, 빨강은 여성의 색이 되었다고 하지."

은서는 시대에 따라 색의 이미지가 다르다는 게 놀라웠어요.

"성별에 따른 색 구별이 고정된 건 광고의 영향이기도 해. 제2차 세계 대전 중에는 옷이든 자동차든 물건들 거의가 칙칙한 색이었

어. 암울한 전쟁 분위기가 생활 곳곳에서 느껴졌지. 그러다 전쟁이 끝나자, 사회가 희망으로 부풀어 올랐어. 이런 분위기의 영향으로 밝은색 상품을 선전하는 광고가 많이 나왔지. 특히 분홍색을 여성의 색으로 강하게 인식하도록 만드는 광고가 많았단다."

아기 옷을 두루 살펴보던 이모가 말했어요. 그러자 현수 오빠도 한마디 거들었어요.

"상품을 더 많이 팔기 위한 전략으로 여자아이 물건은 분홍 계열, 남자아이 물건은 푸른 계열로 밀고 간 탓도 있다고 하더라고요. 첫째가 여자아이라 분홍색 물건을 사들였는데, 둘째가 남자아이면 파란색 물건을 다시 사야 하니까요."

"빨간색과 분홍색을 여성의 색이라고 여기는 사람들이 많아지면서, 그런 색을 좋아하는 남자들은 비난받기도 했단다. 슈거 레이 로빈슨이라는 유명한 미국 권투 선수도 1960년대에 분홍색 승용차를 자꾸 사들이다가 비웃음을 사기도 했지."

"저마다 취향이 있는 건데 너무하네요."

"무엇이든 유행이 되면 거스르기가 쉽지 않잖아. 색깔을 비롯한 우리의 생각은 같은 사회의 구성원들이 일반적으로 가지고 있는 생각, 곧 문화의 산물이란다."

곰곰 생각하던 은서는 아기 옷 하나를 골랐어요.

"오빠, 난 이 옷 추천! 하늘색이 시원해 보여."

"그래, 천도 보드랍네. 엄마도 찬성."

은서와 이모의 말에 현수 오빠가 고개를 끄덕였어요. 현수 오빠가 옷을 챙겨 계산대를 지키고 있던 점원에게 건넸어요.

"딱 하나 남은 인기 제품인데 알아보셨네요. 포장해 드릴게요."

은서가 뿌듯하게 웃어 보이자, 현수 오빠가 엄지를 척 들어 보였어요.

공장과 광산으로 내몰린 아이들

"저기 봐라, 뛰뛰빵빵 있네!"

장난감 코너를 지나던 은서 일행은 한 아저씨의 목소리에 뒤를 돌아보았어요. 아저씨 어깨 위에서 목말을 탄 남자아이가 미니 자동차를 보고 씩 웃고 있었지요.

"나도 미니 자동차가 여러 대 있었는데."

현수 오빠가 빙긋 웃으며 말했어요.

"새로운 장난감이 계속 쏟아져 나오는 게 신기해."

"그게 다 산업 혁명 덕분이지."

"산업 혁명? 그게 뭔데?"

"기계가 발명되고 증기 기관이 기계를 움직이면서, 예전과는 비교할 수 없이 생산력이 좋아진 변화를 말해. 산업 혁명은 18세기 후반 영국에서 시작되었어. 사람이 손으로 만들던 물건을 기계가 대량으로 생산하면서 인류는 물질적으로 풍요롭고 편리한 생활을 하게 되었지. 그런데 산업 혁명이 좋은 결과만 가져온 건 아니야."

"왜, 더 풍요롭고 편리해졌다며?"

"요즘에는 다들 노동자의 복지나 인권에 관심이 많지만, 당시 유럽의 노동 환경은 아주 열악했거든. 공장주들은 비싼 기계만 소중히 여기고 노동자는 함부로 대했어. 기계가 쉴 새 없이 돌아가면서, 사람이 할 일도 마구마구 늘어났지. 게다가 기계가 도입된 초기 공장에서는 성인 남자보다 여자나 어린이를 더 많이 고용했다고 해."

"어른도 아니고, 어린이를? 여자는 왜?"

"옷감을 짜거나 실 뽑는 일을 기계가 하게 되면서, 사람들은 주로 끊어진 실을 잇기만 하면 되었거든. 그런 일은 굳이 힘센 남자들이 할 필요가 없잖아? 게다가 여자나 어린이는 돈을 적게 받을 뿐더러 고분고분해서 공장주들이 부려 먹기 좋았지."

"너무 심보가 고약하다. 똑같이 일하는데, 왜 돈을 적게 줘도 된다고 생각한 거지?"

은서가 이맛살을 찌푸리며 투덜댔어요.

"아이들을 고용한 이유는 또 있어. 덩치 큰 어른들이 하지 못하는 일까지 했거든. 비좁은 곳에 들어가 기계를 청소하고, 지하 갱도에 기어 들어가서 석탄을 탄차에 실어 끌고 나왔지."

"헉, 어린아이가 하기에 너무 위험한 일 같은데?"

"19세기 영국 맨체스터

· 면 공장에서 일하는 아동 노동자

95

의 면 공장에서는 대부분의 노동자가 하루에 열두 시간이 넘도록 일했다고 해. 아이들이라고 봐주지 않았어. 아이들이 지쳐서 지각하거나 작은 실수라도 하면 사정없이 매질했지."

이모가 이야기에 끼어들었어요.

"집에 돌아올 때면 완전히 녹초가 되었겠네요."

"그렇지. 공장이나 광산에서 일하는 아이들은 몸이 망가져서 키도 제대로 못 크고, 무릎이 뒤틀리기도 했어. 학교 교육을 제대로 받기도 힘들었지. 부모가 일하러 간 사이에 집에 불이 나거나 물에 빠지거나 높은 데서 떨어져 죽는 아이들도 많았단다."

기계로 물건을 많이 생산하면 마냥 좋을 줄 알았어요. 그런데 노동자들이 안 좋은 환경에서 고생하고, 더구나 아이들까지 시달렸다니! 은서는 말을 더 잇지 못했어요.

세계 최초의 어린이날

"우리나라 아이들도 노동에 시달렸을까?"

한참 생각에 잠긴 은서가 혼자 중얼거렸어요.

"조선 후기 기록에 따르면 부산 기장이라는 지역에 바둑돌로 만들기 적당한 조약돌이 많았대. 그런데 당시 관아에서 아이들을 부려 이 조약돌을 모으고 갈아서 바둑돌을 만들게 했다는구나."

이모가 말했어요.

"바둑돌을 손으로 직접 만들었어요?"

"응. 아이들이 직접 검은 돌과 흰 돌을 주워 모아서 단단한 돌에 대고 하나하나 갈았다고 해. 익숙한 아이들도 하루에 수십 개를 만드는 게 고작이었다지. 바둑알은 검은색과 흰색 각각 200알이 한 벌인데, 기장 관아에서는 한 해에 천 벌이 넘는 바둑돌을 나라에 바쳤다지 뭐니."

"아이들이 엄청 고생했겠네요. 손도 많이 아팠을 것 같고요."

은서가 울상을 지었어요.

"아무래도 옛날에는 지금보다 아이들 생활이 힘들었을 것 같아요. 어린이 인권에 대한 생각도 없었을 테고요. 그래도 아이들을 지켜 주려는 사람들이 차츰 생겨났겠지요?"

"그럼. 제1차 세계 대전이 끝난 뒤 아동의 권리를 지키기 위한 최초의 국제 선언이 나왔어. 아이들도 전쟁의 고통을 고스란히 겪었을 거 아냐? 폭격으로 가족이 목숨을 잃거나 하는 끔찍한 현장을 본 아이가 수도 없이 많았겠지. 그 점을 반성하며 1924년 국제 연맹이 스위스 제네바에서 아동 권리에 대한 선언을 했단다."

"재미있는 건, 우리나라에서 그보다도 먼저 어린이 운동이 일어났다는 사실이야."

현수 오빠가 말했어요.

"정말?"

은서는 놀라서 눈이 동그래졌어요.

"방정환 선생이라고, 들어 봤지?"

"아, 어린이 대공원에서 동상을 본 적 있어. '어린이'라는 말을 처음 쓰기 시작했고, 어린이날을 만든 분이지?"

"정확히 알고 있네. 방정환 선생은 천도교 소년회를 중심으로 어린이 운동을 펼쳤어."

"천도교? 천주교가 아니라 천도교?"

현수 오빠가 고개를 갸웃거리는 은서를 보며 빙긋 웃었어요.

"조선 사람들은 19세기에 서양에서 들어온 천주교를 '서학'이라고 불렀어. 서양에서 건너온 학문이라는 뜻이야. 처음에는 천주교가 종교라기보다는 새로운 학문처럼 여겨졌거든. 그러다 최제우라는 사람이 서학에 맞서 우리 것을 강조하며 '동학'이라는 종교를 만들었지. 그 뒤, 3대 교주 손병희가 동학의 이름을 천도교로 바꿨어."

"아, 그러니까 서학에 맞서 동학이 나왔고, 그 동학이 천도교란 말이지?"

"응. 동학에서 내세운 '사람이 곧 하늘'이라는 사상에는 모든 사람이 평등하다는 생각이 담겨 있어. 어린이를 존중해야 한다는 생각도 여기서 나왔지."

"그렇구나."

"신분제와 무거운 세금에 짓눌려 있던 사람들은 동학에서 희망을 발견했단다. 최제우가 새로운 세상이 곧 열릴 거라는 '개벽'의 메시지를 전했거든. 지배층은 그런 최제우를 위험한 인물로 판단하고 처형했지만, 동학을 믿는 사람들은 갈수록 늘어났어. 최제우의 억울함을 풀고자 들고일어난 사람들의 움직임은 1894년 동학 농민 운동으로 발전했지. 동학 농민군은 무능한 정부와 탐관오리뿐 아니라 청나라나 일본 같은 외세의 침탈에도 맞서 싸웠어."

가만히 듣고 있던 이모가 설명을 보탰어요.

"은서야, 그거 알아? 세계 여러 나라에서 어린이날을 기념하고 있지만, 가장 먼저 어린이날을 만든 나라는 바로 우리나라야."

"정말? 전 세계에서?"

"천도교 소년회가 1922년 5월 1일에 어린이날 행사를 처음 열었고, 다음 해부터 여러 어린이 단체가 힘을 모아 어린이날 행사를 크게 열었지."

"어? 그때는 일제 강점기였잖아?"

은서의 말이 떨어지기 무섭게 이모가 설명을 덧붙였어요.

"나라를 잃은 암울한 시기에, 미래를 꿈꾸며 어린이 운동을 벌인 건 대단한 일이야. 일제가 우리 민족의 앞날인 어린이들을 위해 애쓰는 사람을 가만두었을 리 없잖아? 방정환은 글을 쓸 때면 일제의 검열을 피하려고 깔깔박사, 북극성, 소파에 이르기까지 스무

가지가 넘는 필명을 썼대."

깔깔박사 같은 이름을 쓴 걸 보면 분명 유쾌한 분이었던 것 같다고 은서는 생각했어요.

"소파 방정환이라고 부르는 건 많이 들어 봤는데, '소파'는 무슨 뜻이야?"

"작은 물결이란 뜻의 한자 말이야. 방정환은 부인에게, '내가 하는 일이 잔물결처럼 쉬지 않고 조선에 물결칠 날이 올 것'이라고 말했다고 해."

지금도 어린이날을 기념하고, 방정환을 기억하는 걸 보면 방정환 선생님의 말이 맞았어요. 방정환 선생님의 어린이 운동 같은 작은 물결이 모여 세상을 바꿔 온 거겠지요.

아동의 권리를 지키기 위한 노력

"저기 봐, 백화점에도 도서관 같은 곳이 있네. 한번 가 볼까?"

이모가 건너편을 가리켰어요. 아동 층 한쪽에는 아이들이 마음껏 책을 보거나 그림을 그릴 수 있는 공간이 마련되어 있었어요. 그 주변에 전시된 그림책 원화 액자와 커다란 캐릭터 모형이 친근감을 더했지요. 책을 좋아하는 은서는 서둘러 발걸음을 옮겼어요.

"어, 야누시 코르차크 책이 있네!"

이모가 책 한 권을 꺼내 보여 주었어요.

"야누시 코르차크는 폴란드에 사는 유대인 의사였어. 아이들을 위한 책도 쓰고, 전쟁으로 부모를 잃은 아이들을 위해 고아원도 차렸지."

"마음이 따뜻한 사람이었나 봐요."

"코르차크는 어린이 인권에 관심이 많았거든. 그래서 고아원에 아이들이 직접 운영하는 '어린이 법정'을 마련하기도 했어. 아이들이 직접 판사를 맡아서 서로 잘잘못을 가리고, 약한 아이를 보호해 주도록 말이야. 또 폴란드에서 처음으로 전국에서 볼 수 있는 어린이 신문을 만들기도 했대.

"어린이 법정이라니. 저도 참여해 보고 싶어요!"

"하지만 나치가 폴란드를 침공하자 코르차크의 고아원도 위기에 처했어. 코르차크는 기회를 봐서 혼자 살아남을 수도 있었지만, 끝까지 고아원 아이들과 선생님들 곁을 지켰어. 나치에게 잡혀서 강제 수용소로 끌려갈 때도 고아원 아이들, 선생님들과 함께 행진했대. 아이들은 가장 깨끗한 옷을 입고 소중한 장난감이나 책을 든 채 기차역까지 당당히 걸어갔다지."

"강제 수용소로 가는 길이 얼마나 무서웠을까요. 그런데도 아이들에게 끌려가는 게 아니라, 행진하는 거라고 말해 주고 싶었나 봐요."

은서는 코끝이 찡했어요.

그러자 이모가 들고 있던 책을 팔랑팔랑 넘기며 말했어요.

"잠깐만. 코르차크가 뭐라고 했더라? 그래, 맞아. '어른들은 아이들에게 미래의 주역이라고 하면서, 오늘을 살아갈 권리는 모른 척할 때가 많다.'고 했네."

"완전 공감돼요! 맨날 어른들은 나중에 크면 마음대로 할 수 있다며, 지금은 공부하라고만 하잖아요."

은서가 입을 삐죽대며 말했어요.

"코르차크는 수용소에서 생을 마감했지만, 많은 이들이 그 뜻을 이어받으려고 노력했어. 그 결과, 1989년 유엔 아동 권리 협약이 선포되었지. 차별로부터 보호받을 권리, 아동에 관한 모든 결정에 있어 아동의 이익이 우선될 권리, 잠재력을 키울 권리……. 모든 어린이가 마땅히 누려야 할 권리를 선언한 거야."

"결국 전쟁도, 유대인 학살도 어른들이 저질렀잖아요? 어른들 잘못 때문에 힘없는 아이들이 고통 받을 때가 많은 것 같아요."

은서의 한숨 섞인 말에 현수 오빠도 덩달아 한숨을 내쉬었어요.

"맞아. 게다가 아이들은 어른보다 돈을 적게 줘도 된다는 인식 때문에 고된 노동 현장에 내몰리는 경우가 많아. 예전에 세계를 떠들썩하게 만든 사진이 한 장 있었지."

현수 오빠는 《라이프》라는 잡지에 실린 한 사진으로 충격적인 사실이 널리 알려졌다고 했어요. 오빠가 찾아 보여 준 사진에는 어린 남자아이가 유명 브랜드의 축구공을 바느질하고 있었어요.

"축구공은 파키스탄의 시알코트에서 많이 만드는데, 축구공 하나를 만들려면 육각형 모양의 가죽 서른두 개를 하나하나 꿰매야 한대. 그런데 이 사진처럼 어린아이들이 임금도 제대로 못 받으면서 고된 일에 동원된 사실이 알려진 거야. 다섯 살도 안 된 소녀들이 그런 중노동에 동원되기도 했다지 뭐야. 날마다 바느질하느라 손가락이 휘고, 지문도 없어지고, 축구공 가죽을 붙이는 화학 약품 때문에 눈이 멀기도 한대."

"어린 나이에 몸이 상할 정도로 일을 하다니……."

"이 사진이 세상에 알려진 지 20년이 훌쩍 지났지만, 아직도 공장에서 일하는 어린이들이 많아. 인도나 베트남에는 나이키 같은 유명한 회사에서 하청을 받아 옷을 생산하는 공장이 많거든. 먼지가 풀풀 날리는, 환기도 잘 안 되는 공장에서 하루에 열 시간도 넘게 일하고 있지. 하루에 주어지는 일을 해내려면 물도 많이 마시면 안 된대."

"물은 왜?"

"물을 많이 마셔서 화장실에 자주 가면 일하는 시간이 줄어든다는 거야."

은서는 충격으로 말을 잇지 못했어요.

"산업 혁명, 과학 기술의 발달로 인류는 발전을 거듭해 왔지만, 그 발전의 그늘에는 심각한 사회 문제들이 있어. 세계 곳곳에서 아이들이 방치되거나 학대당하는 문제도 그중 하나지. 아동 권리 선언, 협약을 마련하는 데에만 그치지 말고 적극적인 관심과 노력을 기울여야 해."

이모가 책을 덮으며 말했어요.

"코르차크가 꿈꾸었던 대로 바로 지금, 아이들이 행복할 수 있도록요."

은서가 고개를 크게 끄덕였어요.

졸음을 쫓는 커피의 역사

"앗, 고소한 향이 나요!"

은서가 눈을 감고 코를 킁킁댔어요.

"아, 커피 향 좋다. 위층에서 나는 거 같은데?"

냄새를 따라 한 층을 더 올라가니, 구수한 커피 향에 더해 달콤한 빵 냄새가 풍겨 왔어요. 주위를 둘러보니 이름난 카페에 디저트 맛집까지 빼곡히 들어차 있었어요. 은서가 가 보고 싶었던 카페도 있었지요. 은서네는 그 카페에서 잠시 쉬어 가기로 했어요.

이모는 아메리카노를, 현수 오빠는 밀크티를, 은서는 고민 끝에 딸기바나나스무디를 골랐어요. 이모가 다 같이 먹을 초코케이크도 주문했어요.

"어휴, 다들 짐 들고 돌아다니느라 고생 많았어. 그래도 커피를 마시니까 좀 살 것 같네."

이모가 만족스러운 한숨을 내쉬었어요.

"우리 엄마도 하루에 커피 두 잔은 마셔 줘야 한대요. 어른들은 커피를 왜 그렇게 좋아하는지 모르겠어요."

"졸리다가도 커피를 마시면 머리가 맑아지는 것 같거든. 커피에 든 카페인 때문이지."

"저도 쪼금 마셔 봤는데 쓰기만 하고 맛이 없던걸요. 엄마 말로는 인생의 쓴맛을 알 만큼 나이가 들어야 커피 맛도 안대요."

"요즘에는 커피 맛보다 카페 분위기가 더 중요한 것 같던데? 카페에서 공부하는 '카공족'도 있고 말이야."

현수 오빠의 말에 은서가 웃으며 맞장구를 쳤어요.

"카페가 없을 때는 다들 어떻게 살았나 몰라?"

"카페가 없었던 3천 년 전에도 커피는 마셨단다. 아니, 먹었다고 해야겠구나."

이모가 커피 잔을 두 손으로 감싸며 말했어요.

"커피의 역사가 그렇게 오래되었어요?"

"에티오피아에 사는 오로모족은 3천 년 전쯤부터 커피를 먹었어. 그때 사람들도 커피의 효능을 알았던 모양이야. 오로모족은 이웃 부족과 전투를 치를 때면 커피 열매를 빻은 가루에 기름을 섞어서 작은 주먹밥처럼 빚어 먹었대."

"효과가 있었을까요?"

은서가 고개를 갸웃거렸어요.

"글쎄, 정신을 바짝 차리는 데 도움이 되지 않았을까? 그리고 7세기 무렵부터는 아라비아반도 남쪽 끝에 있는 예멘에서 커피가 재배되기 시작했어. '모카커피'라고 들어 본 적 있니? 예멘에 모카라는 유명한 항구가 있어. 이 항구를 통해 부드러운 초콜릿 향이 나는 커피가 수출된다고 모카커피라는 이름이 생겨났지."

"아까 메뉴판에도 '카페 모카'가 있던데, 모카가 지명이었군요."

"맞아, 지금까지 모카라는 이름을 쓰고 있는 게 신기하지? 시간이 더 흘러 12~13세기가 되자, '수피'라고 불리는 이슬람 신비주의 수도사들이 커피를 즐겨 마셨어. 졸리거나 배고파도 꾹 참으면서 신과 하나가 되는 체험을 하려고 했는데, 잠을 쫓는 데는 커피가 특효였거든. 수피들은 말린 커피 열매를 달여서 커다란 잔에 담은 다음, 여럿이 돌려 마시고 함께 수피 춤을 추었대."

"춤이요? 수도사가 웬 춤이래요?"

"기도문을 외면서 빙글빙글 도는 춤을 추는 게 수피파의 종교 의식이거든."

이모가 커피를 한 모금 홀짝이고는 말을 이었어요.

"커피를 마시는 방식은 16세기에 들어와 바뀌었어. 오스만 제국 사람들은 볶은 커피콩에서 뽑아낸 액체를 개인용 잔에 따라 마셨어. 지금과 비슷한 방식이지? 이때부터 커피는 종교 의식에 쓰는 음료가 아니라 개인 취향에 따라 즐기는 음료가 되었지."

· 수피 춤을 추는 이슬람 신비주의 수도사들

"오스만 제국은 어떤 나라예요?"

"오늘날의 튀르키예야. 오스만 제국은 1453년에 비잔티움 제국을 무너뜨렸고, 한동안 유럽을 위협할 만큼 강한 나라였어. 오스만 제국에 다녀간 이탈리아의 베네치아 사람들이 유럽에 커피를 전했지."

"커피는 유럽이나 미국 문화인 줄 알았는데, 다른 지역에서 먼저 발달했군요."

"응. 17세기쯤 커피가 유럽으로 전해지면서, 오스만 제국에서 유행하던 커피 하우스 문화도 자연스레 퍼져 나갔지. '커피 하우스', 그러니까 카페는 점차 지식인들이 모여 정치와 경제, 학문에 대해 토론하는 곳으로 자리 잡았단다."

"토론하러 카페에 가요? 저는 카페에 놀러 가는데, 그때는 분위기가 달랐나 봐요."

은서가 묻는 말에, 현수 오빠가 할 말이 많다는 듯 목을 가다듬었어요.

"남성 정장은 시민 혁명이 일어난 시기에 탄생했다고 얘기했던 거 기억나?"

"그럼!"

"시민 혁명이 일어날 수 있었던 건 계몽주의가 밑바탕이 되었기

때문이야. 그 시기 유럽 지식인들은 인간이 지닌 이성의 힘으로 신분 제도를 비롯해 과거의 안 좋은 제도를 없애려고 했거든. 이런 사상을 바로 계몽주의라고 해."

"계몽의 뜻이 '어리석은 것을 일깨운다'거든. 이성적이지 않은 것은 어리석으니 멀리하고, 모든 걸 이성적으로 바라보자는 거지."

이모가 덧붙였어요. 계몽주의 시대는 현수 오빠가 가장 관심을 두고 있는 시대라고 살짝 귀띔해 주면서요.

"계몽주의 사상이 퍼지면서 루소나 볼테르 같은 유럽 지식인들은 책을 많이 읽고 자기 생각을 여러 사람과 나누고 싶어 했어. 커피는 이런 시기에 아주 잘 어울리는 음료였지. 그리고 카페는 사람들이 모여 정보를 나누고 토론하기에 더없이 좋은 장소였고. 이렇게 카페를 중심으로 계몽사상이 퍼져 나간 덕분에 프랑스 혁명도 일어날 수 있었단다."

세상을 뒤흔든 사상이 카페에서 퍼져 나갔다니! 현수의 말에 은서는 커피가 대단하게 여겨졌어요.

달콤한 맛에 숨겨진 아메리카와 아프리카의 시련

"난 디저트가 참 좋더라. 가끔 이렇게 단것을 먹으면 위안이 돼."

이모가 초코케이크를 포크로 자르며 말했어요.

"엄마도 참, 그럴 거면 살찐다고 걱정하지 말아야죠."

현수 오빠가 살짝 핀잔을 주었어요.

"이모, 옛날 사람들도 디저트를 먹었어요? 먹었어도 지금 같은 디저트는 아니었겠죠?"

"디저트는 '음식을 먹고 나서 식탁을 치우다'라는 뜻의 프랑스어 데세르비르(desservir)에서 비롯된 말이야. 우리말로는 후식이라고 하지. 옛날에는 대개 과일로 식사를 마무리했어. 요즘 사람들이 디저트로 즐기는 케이크 같은 건 간식으로 먹거나 명절 또는 크리스마스 같은 축일에 먹었고. 디저트는 서양에서도 1920년대에 들어서야 레스토랑 메뉴에 올랐단다."

"1920년대면 지금으로부터 100년 전쯤이네요?"

"응. 그전에는 달콤한 음식이 흔치 않았어. 무엇보다 설탕이 귀했거든."

"설탕이 그렇게 귀했어요? 설탕을 뭘로 만들더라······."

"예전에는 상류층만 설탕을 먹을 수 있었어. 설탕은 대개 사탕수수에서 얻는데, 사탕수수를 재배하는 곳이 적었거든. 그런데 라틴 아메리카에서 사탕수수를 대규모로 재배하게 되면서 설탕 생산이 파격적으로 늘어났지."

"라틴 아메리카라면 어디죠?"

은서의 말에 현수 오빠가 핸드폰에서 세계 지도를 찾아 손가락으로 짚어 주었어요.

"여기 아메리카 대륙 중에서도 멕시코부터 칠레에 이르는 남쪽 지역이야. 이탈리아 사람인 콜럼버스가 아메리카에 다다른 뒤, 유럽 사람 중에서도 주로 라틴족이 이 지역을 식민지로 삼았기 때문에 그런 이름이 붙었어."

"그럼 이 위쪽 대륙은?"

"캐나다와 미국이 있는 북쪽 지역은 앵글로색슨족이 많이 살고 영어를 주로 사용해서 앵글로 아메리카라고 해. 앵글로색슨족은 오늘날 영국 국민의 중심을 이루고 있지."

"라틴 아메리카, 앵글로 아메리카는 유럽 사람 입장에서 붙인 이름이구나."

은서의 말에 이모가 안경을 치켜올리며 설명을 이어 갔어요.

"맞아. 유럽 사람들은 라틴 아메리카의 드넓은 땅과 더운 기후를 이용해 열대 농작물을 대규모로 재배한 뒤 유럽으로 실어 날랐어. 그중 하나가 사탕수수였지. 그런데 유럽에서 넘어온 전염병이 퍼지는 바람에 라틴 아메리카의 많은 원주민이 죽었어."

"저런, 원주민들은 땅도 빼앗기고, 목숨까지 잃은 거네요."

"그럼 사탕수수 농사는 누가 지었을까?"

"유럽 사람들이 직접 농사짓진 않았을 텐데…… 잘 모르겠어요."

"아프리카 대륙의 흑인들을 아메리카 대륙까지 끌고 와서 노예로 부려 먹었어. 16세기부터 19세기까지 노예 무역으로 수많은 아프리카 흑인이 아메리카로 끌려갔단다."

"다른 대륙에서까지 노예를 끌고 오다니, 충격이네요."

"당시 아프리카 흑인들은 손발이 묶인 채 배에 실려 아메리카 대륙으로 건너갔어. 몇 달이나 걸린 항해 도중에 많은 사람이 죽었고, 어찌어찌 살아남았다고 해도 아메리카 대륙에서 채찍질을 당하며 죽도록 일해야 했지."

"아메리카도, 아프리카도 너무나 큰 피해를 입었네요."

"응. 아프리카에서 끌려온 노예들이 재배한 사탕수수, 면화 같은 농작물을 팔거나 노예 무역을 하면서 유럽과 미국은 많은 돈을 벌었어. 서양 사람들이 두고두고 반성할 일이지."

"맞아요. 자신들이 국력이 세다고 약한 나라를 괴롭히거나 짓밟아서는 안 되잖아요."

은서가 주먹을 불끈 쥐자, 이모가 어깨를 토닥였어요.

"맞아. 달달한 디저트 뒤에 쓸쓸한 역사가 숨어 있지. 사탕수수 재배가 늘고 설탕이 흔해지면서 홍차나 커피를 더 즐기게 되었지만 말이야."

· 목화밭에서 일하는 흑인들

동양의 신비로운 약초로 유럽에 소개된 차

"오빠, 우린 여기 구경하고 있자!"

이모가 화장실에 간 사이, 은서가 카페 바로 옆에 있는 차 매장을 가리켰어요. 향을 맡을 수 있도록 찻잎이 종류별로 꺼내져 있는가 하면, 유리병에 담긴 차, 티백에 담긴 차, 깡통에 담긴 차 들이 다양하게 진열되어 있었어요.

"차 종류가 엄청 다양하네. 아까 내가 먹은 밀크티도 우유와 홍차를 섞은 음료야. 그래서 이름이 '밀크티'인 거지."

"홍차는 어떤 차야? 녹차는 초록색이니까, 홍차는 붉은색인가?"

시향용 찻잎에 코를 킁킁대던 은서가 물었어요.

"차 빛깔이 붉어서 동양에서는 홍차라고 부르는데, 서양에서는 찻잎이 검은색에 가깝다고 블랙 티라고 불러."

"같은 차인데 동서양에서 부르는 이름이 다르구나."

"차는 차나무의 찻잎을 따서 만드는데, 찻잎이 발효된 정도에 따라 녹차 같은 비발효차, 우롱차 같은 반발효차, 홍차 같은 발효차로 나뉘어. 인도, 중국, 일본, 그리고 영국의 영향을 받은 지역, 이슬람 문화권에서 차를 많이 마시지."

"차도 커피만큼 역사가 오래되었을 거 같아. 왜, 인사동에 가면 전통찻집도 많잖아."

"차는 춘추 전국 시대(기원전 770년~기원전 221년)부터 중국 사람들이 약으로 생각하고 마시기 시작했어. 그 뒤 점차 세계로 퍼져 나갔는데, 기록에 따르면 16세기부터 유럽 사람들이 하나둘 동양에 와서 차를 사 갔대. 그러다 17세기쯤에는 유럽에 차가 널리 퍼져서 네덜란드 동인도 회사 같은 큰 무역 회사들이 본격적으로 차를 수입해 갔지."

"와, 그때부터 유럽과 아시아 사람들이 서로 오갔던 거야?"

"교류는 그 전부터 있었어. 비단길이라고 들어 봤어? 영어로는 실크 로드라고 하지."

"실크 로드? 익숙하긴 한데……."

"약 2천 년 전부터 비단길을 통해 중국과 중국 서쪽의 여러 나라들이 교류했어. 사고팔던 물품 중에 중국 비단이 워낙 유명해서 '비단길'이라는 이름이 붙은 거야. 13세기에 몽골이 유라시아에 걸친 대제국을 이루었을 때도 동서 교류는 활발했어. 하지만 유럽이 아시아와 본격적으로 교류한 건, 포르투갈이 인도로 가는 항로를 개척한 15세기 말 이후부터야. 차 문화도 이때부터 유럽에 널리 퍼졌지. 그 뒤 네덜란드가 포르투갈을 누르고 아시아와 유럽의 무역을 주도했고, 그다음에는 영국이 패권을 쥐었어."

"동서양이 땅에서는 비단길로, 바다에서는 바닷길로 교류했네."

은서가 고개를 끄덕였어요.

"차는 건강에 도움을 주는 신비로운 약초로 유럽에 소개됐어. 더욱이 유럽은 맑은 물이 귀해서 차나 커피가 들어왔을 때 반길 수밖에 없었어. 그 전에 유럽 사람들은 물 대신 포도주나 맥주를 마시든가, 술을 타서 소독한 물을 마셔야 했거든."

"유럽의 물 사정이 그렇게 안 좋았어?"

"유럽은 우물을 파기도, 샘물을 찾기도 어려운 지형이고 중심부는 비도 적게 내리거든. 그래서 물이 부족한 데다 물에 석회질이 섞여 있어서 그대로 마실 수가 없어. 근대 이전에는 사람들이 똥을 비롯한 오물을 마구 버려서 강물이 오염되기도 했지."

"우리나라는 물이 풍부해서 다행이네."

"차는 주로 중국에서 수입했는데, 중국이 문호를 활짝 열지 않아서 공급이 원활하지 않았어. 18세기 초부터는 커피가 대량으로 들어오면서 큰 인기를 끌었지. 그러나 영국에서만큼은 차가 커피를 제치고 인기 음료로 자리를 굳혔어."

"영국에서 차가 유행한 특별한 이유가 있나?"

"영국으로 유학 간 선배한테 들었는데, 따끈한 홍차는 우중충하고 서늘한 영국 날씨에 잘 어울린대. 영국 물은 미네랄이 많아서 홍차 맛도 일품이고. 영국은 18세기부터 중국과의 차 무역을 주도하면서 차를 대량으로 수입했어. 게다가 설탕까지 넣게 되면서 홍차는 더 인기를 끌었어."

"영국 하면 신사 이미지가 있어서인가, 왠지 차도 우아하게 마셨을 거 같아."

"꼭 그렇지만도 않아. 영국은 산업 혁명이 가장 먼저 일어난 나라잖아. 영국 노동자들은 숨 가쁘게 돌아가는 기계에 맞춰 일해야 했어. 온종일 일하느라 녹초가 된 노동자들은 술로 설움을 달래고 가까스로 힘을 냈지. 그러다가 홍차를 마시게 된 거야. 공장에서도 노동

자들에게 휴식 시간을 주고 홍차를 마시게 했어. 설탕의 열량이 높다 보니 힘도 나고 스트레스도 얼마쯤 풀리는 데다 카페인 덕분에 정신도 또렷해지니까 적극적으로 권한 거지. 지금도 홍차는 영국 식생활에서 빼놓을 수 없대."

"와, 동양의 차가 서양 사람들의 일상에 깊숙이 파고들었네."

미국 독립 전쟁과 아편 전쟁을 부추긴 차

"차가 식생활에만 영향을 준 건 아니야. 차 때문에 독립한 나라도 있으니까."

"엥, 그게 무슨 소리야? 나라가 독립했다니?"

은서가 영 모르겠다는 표정으로 물었어요.

"미국 이야기로구나. 은서는 미국이 어떻게 세워졌는지 아니?"

어느새 화장실에 다녀온 이도가 은서와 현수 등 뒤에서 이야기를 듣고 있었어요.

"아뇨. 미국 역사가 짧다는 얘기만 들어 봤어요."

"맞아. 미국은 1776년에 세워졌으니 역사가 300년도 안 돼. 영국에서 건너간 사람들이 북아메리카에 살다가 독립해서 미국을 세웠지."

"그럼 영국 사람들이 미국을 세운 거예요? 그 사람들은 어쩌다 영국을 떠났는데요?"

"종교 때문이었어. 입술연지와 진주를 좋아한 엘리자베스 1세 기억나지? 엘리자베스 1세는 영국의 왕 헨리 8세가 첫 부인과 이혼하고 둘째 부인에게서 얻은 딸이야. 당시 가톨릭에서는 이혼을 금지했어. 그래서 헨리 8세는 '영국 국교회'를 만드는 종교 개혁을 단행했지."

"이혼하려고 새로운 종교를 만들다니, 대단하네요."

"그 이유 때문만은 아니었겠지. 아무튼 영국은 그 뒤로 오랫동안 종교 갈등을 겪었어. 그러다 영국 국교회에 반대하는 개신교의 한 갈래인 청교도를 믿는 영국 사람들이 1620년 종교 박해를 피해 북아메리카로 건너갔어. 미국 사람들은 그들을 자기네 조상으로 여기고 있지."

"아, 종교의 자유를 찾아 북아메리카까지 간 거군요."

"그들보다 먼저 북아메리카로 이주한 영국 사람들도 있어. 대부분 금을 찾거나 새로운 삶이 펼쳐질거라는 기대에 부풀었지. 낯선 북아메리카에서 살아남기는 꽤 어려웠지만 말이야. 이렇게 하나둘 생겨난 영국 식민지에서 미국이 세워진 거야."

"그렇군요."

"북아메리카 식민지 사람들은 의회를 만들어 예산을 세우고 세금을 거두며 살아갔어. 이렇게 자치를 해 나간 식민지 의회는 영국 의회보다 훨씬 민주적이었지. 그런데 18세기 후반부터 영국이 식민지를 본격적으로 간섭하기 시작했어. 프랑스와 식민지 쟁탈전을 벌이느라 바닥난 재정도 식민지 세금으로 메우려 했지. 그래서 이런저런 세금을 매겼는데, 심지어 날마다 마시는 차에도 세금을 매겼지 뭐야."

"설탕에 세금을 붙이는 설탕법도 있었고."

기가 막혀 하는 은서를 보며 현수 오빠가 덧붙였어요.

"북아메리카 식민지 사람들은 영국의 세금 정책에 거세게 저항했어. 그동안 자치를 해 왔는데, 영국이 부당하게 간섭하고 세금을 떠넘기니 참을 수 없었던 거야."

"식민지라고 차별하면 치사하죠."

"영국 상품 불매 운동을 비롯한 저항이 계속되자 영국은 대부분의 세금을 없앴어. 하지만 식민지 차 판매 독점권만큼은 포기하지 않고 영국 동인도 회사에게 주었어."

"차 판매를 독점했으면 식민지 상인들이 크게 반발했겠네요."

"맞아. 그러던 어느 날 밤, 인디언으로 변장한 사람들이 보스턴 항에 있던 영국 동인도 회사의 배를 습격했어. 이들은 배에 실린 차 상자들을 바다에 던져 버렸지."

"헉, 차를 바다에 다 빠뜨려 버린 거예요? 아까워라."

"아주 강하게 항의한 거지. 보스턴 차 사건이라고 불리는 이 사건을 계기로 독립 전쟁이 일어났어. 영국과 앙숙이던 프랑스를 비

· 보스턴 차 사건을 묘사한 19세기 그림

롯해 유럽 여러 나라가 식민지 편을 들고 도와준 덕분에 1776년 미국이 독립할 수 있었단다."

"정말 차가 미국 독립의 불씨가 되었네요."

"반대로 차 때문에 망할 뻔한 나라도 있어."

"그래요?"

"영국 사람들이 홍차를 많이 찾다 보니 영국이 중국, 그러니까 당시 청나라와 무역할수록 자꾸 손해를 보는 거야. 그래서 생각해 낸 방법이 식민지 인도에서 아편을 재배해 중국에 파는 거였어."

"아편이 뭐예요?"

"양귀비 열매로 만든 마약이야. 영국에도 이미 아편에 중독된 사람들이 많았어. 영국은 아편이 해로운 걸 뻔히 알면서 중국에 판 거야."

"마약에 중독되면 계속 구하고 싶어 할 걸 노렸나 봐요."

"맞아. 아편을 팔면 돈이 되니까. 청나라는 아편 중독자가 늘어나 큰 문제가 되자, 아편 금지령을 내렸어. 이때 감독관을 맡은 임칙서란 사람이 아편을 파는 영국 상인들을 체포하고 아편 상자들을 압수했지."

"보스턴 차 사건이랑 비슷하네요."

"결과는 정반대였어. 미국은 독립 전쟁에서 승리했지만, 중국은 아편 전쟁에서 완전히 패했거든."

"이번에도 전쟁으로 번진 거예요?"

"응. 아편을 빼앗겨 큰 손해를 본 영국은 1840년 청나라로 쳐들어가 아편 전쟁을 일으켰어. 이 전쟁에서 진 청나라는 홍콩섬을 빼앗겼고 다섯 곳의 항구를 열어야 했어."

"여행 갔을 때 들었는데요. 홍콩은 영국 식민지가 되는 바람에 서양의 영향을 많이 받았다고 하더라고요."

"응. 영국은 1856년에 프랑스와 손잡고 2차 아편 전쟁을 일으켰어. 청나라는 수도 베이징을 점령당했고 더 많은 항구를 열어야 했지."

"차가 미국을 독립시키고, 중국을 위기에 빠뜨리고, 그야말로 세계를 뒤흔들었네."

은서는 진열대에 놓인 찻잔을 바라봤어요. 차에 수많은 이야기가 담겼다고 생각하니 평범한 찻잔도 조금 달리 보였어요.

전 세계로 퍼져 나간 영국 축구

"엄마, 운동복 필요하다고 하지 않았어요?"

앞장서서 걷던 현수 오빠가 이모를 돌아보며 말했어요.

"맞다! 몇 군데만 얼른 둘러보고 올게. 천천히 구경하고 있어."

스포츠 매장에 들어서자, 경쾌한 음악이 은서 일행을 맞았어요. 스포츠 매장에서 가장 눈에 띄는 건 커다란 광고 포스터예요. 광고 모델이 힘차게 달리는 모습을 보니, 덩달아 운동하고 싶은 마음이 들었어요.

"은서는 운동을 좋아하니?"

현수 오빠가 물었어요.

"그럼. 공으로 하는 운동은 다 자신 있지!"

"난 스포츠는 직접 하는 것보다 보는 게 좋더라. 실전보다 이론에 빠삭하다고나 할까?"

"그래? 축구는 언제 시작되었죠, 이론 박사님?"

은서의 장난스러운 말투에 현수 오빠가 목을 가다듬었어요.

"공차기 놀이는 오래전부터 세계 곳곳에 있었어. 유럽 사람들은 죽은 적군의 해골을 공처럼 차며 놀기도 했지."

"헉, 해골을 갖고 놀았다고?"

은서는 진저리를 쳤어요.

"공차기에 얼마나 진심이었는지 흥분하면 칼부림까지 났대. 은서야, 전 세계 사람들이 한데 어울려 축구를 하려면 무엇이 꼭 필요할까?"

"음…… 서로 합의한 규칙이 있어야 하지 않을까?"

"맞아! 그럼 축구 규칙은 어느 나라에서 처음 만들었을까?"

은서가 끙 소리를 내자, 현수 오빠가 씨익 웃었어요.

"영국이야. 19세기 영국에서 오늘날의 축구가 시작되었지."

"영국에서 시작된 특별한 이유라도 있어?"

"축구뿐 아니라 테니스, 골프 같은 인기 스포츠는 대부분 영국에서 생겨나 전 세계로 퍼져 나갔어. 가장 먼저 산업 혁명이 일어난 영국은 사회도 빠르게 발전했거든. 산업 혁명으로 수입이 넉넉해져서 여가를 즐기는 사람들도 늘어났고, 교통수단이 빨라져서 사람들이 오가기도 쉬워졌지. 덕분에 스포츠 경기가 다른 나라들보다 먼저 제도로 정착되고 상업화되었어. 게다가 세계 곳곳에 식민지를 만들면서, 영국의 스포츠 문화가 널리 퍼져 나가기도 했어."

"식민지 얘기가 나오니까 기분이 살짝 나빠지네. 우리나라도 일본의 식민지가 되었던 적이 있잖아."

"그렇지. 축구는 19세기에 가장 강했던 나라 영국, 크게 보면 유럽의 문화이고, 그 문화가 세계로 퍼져 나간 거니까. 월드컵 우승도 유럽 국가 아니면 브라질이나 멕시코처럼 유럽의 식민지였던 남아메리카 국가가 주로 차지하곤 하지."

"응, 월드컵을 보면 정말 그렇더라."

"그래도 축구 경기는 국력에 상관없이 승부를 겨루잖아. 그만큼 여러 민족을 화합하는 역할을 하기도 해. 프랑스는 1998년에 흑인, 백인, 그리고 프랑스의 식민지였던 북아프리카 출신 사람들이 한 팀이 되어 월드컵에서 우승했어."

"요새는 외국 팀에서 활약하는 우리나라 선수들도 많잖아. 외국 사람들이 우리나라 선수의 팬이 되기도 하고 말이야."

"맞아, 그래서 축구를 통해 사람들의 단결된 힘이 드러나기도 해. 알제리에서는 축구팀과 응원단이 식민지 시절에 독립운동의 한 축을 맡았고, 국가가 독립하고 나서는 정부의 잘못된 정치를 비판했어."

"그런데 아까 축구 규칙은 영국에서 만들어졌다고 했잖아. 영국인들은 어쩌다 축구에 빠졌대?"

"아, 영국의 이름난 사립 학교에서 학생들에게 축구를 권장했거든. 학생들이 자꾸 말썽을 피우니까 축구에 몰두하게 하고, 떳떳하게 승부를 겨루는 훈련을 시킨 거야. 그 뒤 사립 학교 졸업생들이 최초의 축구 협회를 만들고 축구 규칙도 통일한 거지."

"말썽 피우지 말라고 놀거리를 준 거네."

현수 오빠가 키득거리는 은서에게 물었어요.

"영국은 게다가 월드컵에 네 팀이나 나가. 왜 그러는지 알아?"

"응? 한 나라에서 네 팀이나? 왜?"

"힌트를 줄게. 축구팀 선수들은 가슴에 마크를 달고 뛰지? 흔히 국가 대표에게 태극 마크를 달았다고 하지만, 사실 국가 대표 유니폼에 달린 건 한국 축구 협회 마크야."

현수 오빠가 매장에 진열된 붉은 유니폼을 들어 올리며 말했어요. 가슴팍에 호랑이 마크가 또렷이 박혀 있었지요.

"음…… 그러면 영국은 혹시 축구 협회가 여럿이야?"

"바로 그거야. 월드컵은 국가끼리 대결하는 게 아니라, 축구 협회들이 승부를 겨루는 대회거든. 여러 민족으로 이루어진 영국은 잉글랜드, 스코틀랜드, 웨일스, 북아일랜드가 각각 축구 협회를 만들었어. 그래서 네 팀이 월드컵에 나가는 거야."

"아, 영국도 여러 민족이 섞인 나라구나? 그럼 영국 말고 그런 경우가 또 있어?"

"중국과 홍콩도 축구 협회가 따로 있어. 홍콩은 중국에 속한 땅인데, 아편 전쟁 이후 100년 가까이 영국의 식민지였어. 1997년에 중국은 영국으로부터 홍콩을 돌려받으면서 이후 50년 동안 홍콩을 특별 자치구로 두겠다고 약속했지. 하지만 지금 중국과 홍콩은 사이가 안 좋아. 오랜 세월, 따로따로 발전해 왔기 때문이야."

축구의 역사 이야기는 어느덧 영국 안의 여러 민족, 그리고 중국과 홍콩의 갈등까지 이어졌어요. 은서는 한 지붕 아래 여러 가구가 살듯이 국가에도 여러 형태가 있다는 걸 알게 되었지요.

인도 '국민 스포츠'의 비밀

"우리나라는 한일전이라고 하면 유난히 더 흥분하잖아. 축구든, 배구든, 양궁이든 종목을 가리지 않고 말이야."

현수의 말에 은서가 주먹을 불끈 쥐어 보였어요.

"아무래도 일본이랑 붙으면 더 승부욕이 불타지 않아?"

"그거 알아? 인도와 영국은 크리켓 시합에서 한일전처럼 불꽃 튀는 경기를 펼친대."

"크리켓?"

낯선 이름에 은서가 고개를 갸웃거렸어요.

"야구와 비슷한 스포츠야. 17세기 영국에서 처음 등장했지. 영국의 식민지였던 인도, 파키스탄, 남아프리카 공화국, 오스트레일리아, 뉴질랜드 같은 나라에서는 예나 지금이나 크리켓의 인기가 대단해. 2028년 LA 올림픽 때 볼 수 있을 거라던데. 1900년 파리 올림픽 이후 120여 년 만에 다시 올림픽 정식 종목으로 채택되었대."

"식민 지배를 받았던 나라에서 영국의 스포츠를 좋아한다니 좀 이상하다."

"영국에서 처음 시작하긴 했지만 크리켓은 여러모로 인도와 어울리는 스포츠야. 인도 사람들은 워낙 느긋해서 경기 시간이 길어져도 지치지 않거든. 그리고 엄격한 신분 제도인 카스트의 영향 때문에 신체 접촉이 적은 크리켓을 좋아하기도 하고."

현수 오빠가 푹신한 의자에 털썩 앉으며 말했어요.

"인도 사람들이 크리켓을 하게 된 역사를 알려면 무굴 제국 시대로 거슬러 올라가야 해. 영국의 식민지가 되기 전, 인도 땅에는 무굴 제국이 있었어. 무굴 제국은 풍요롭고 문화 수준도 높은 나라였지. 그 유명한 타지마할도 무굴 제국 시대에 지어진 거야. 그러다 새로운 바닷길이 열리자 유럽 여러 나라가 인도를 차지하려고 눈독을 들였지. 결국 영국이 인도를 차지했지만 말이야."

"제국이라 불렸을 정도면 인도 사람들도 가만있진 않았겠지? 우리도 일제 강점기에 항일 운동을 했잖아."

"물론이지. 잘 알려진 항쟁 중 하나가 1857년에 일어난 세포이의 항쟁이야."

"세포이?"

"세포이는 페르시아말로 '병사'라는 뜻이야. 영국 동인도 회사에 고용된 인도 병사를 그렇게 불렀지."

"아, 인도 사람들이지만 영국 명령에 따라야 했겠구나. 그런데 어쩌다가 항쟁을 일으켰어?"

"영국이 지급한 새 탄약 봉지에 소기름이나 돼지기름이 발려 있다는 소문이 돌았거든. 그에 반발해 세포이가 들고일어났어."

"기름? 그게 뭐 어쨌다는 거야?"

은서의 물음에 현수 오빠가 입으로 무언가 물어뜯는 시늉을 해 보였어요.

"당시 총에 탄약을 넣으려면 이렇게 병사들이 직접 탄약이 담긴 봉지를 입으로 뜯어야 했어. 그런데 인도 사람들이 많이 믿는 힌두교에서는 소를 신성시하고, 이슬람교에서는 돼지고기를 안 먹거든. 그런데 봉지에 소기름이나 돼지기름이 발려 있다니 어땠겠어. 자기가 믿는 종교가 무시당하자 더는 참을 수 없었던 거야. 세포이의 반발에 인도 사람들이 동참하면서 대대적인 항쟁이 일어났지."

"벌집을 건드린 것 같았겠다."

"영국은 군대를 파견해 세포이의 항쟁을 진압했어. 그러고는 영국 빅토리아 여왕이 인도 황제를 겸해 인도를 다스리겠다고 선언했지. 그런데도 인도 사람들의 저항은 계속됐어."

"간디가 비폭력 저항 운동을 벌이기도 했잖아?"

"맞아. 간디는 세포이의 항쟁이 일어나고 10여 년 뒤에 태어났어. 인도의 독립운동도 우리나라처럼 꾸준히 이어진 거지. 하지만 모든 인도인이 다 영국에 저항한 건 아니야. 인도의 상류층은 영국 문화를 받아들이려고 애썼어. 영국도 크리켓을 가르쳐 주면서 인도의 상류층을 자기편으로 만들려고 노력했지. 그런데 막상 사람들이 모여 함께 크리켓을 하다 보니 공동체 의식, 민족의식이 강해졌어. 영국과의 시합에서 이기면 인도 사람들은 얼싸안고 환호성을 질렀지."

"경기에서라도 영국을 이기면 정말 통쾌했겠다."

스포츠에서는 국력이 약한 나라도 강한 나라를 이길 수 있다는 사실이 은서는 새삼 매력적으로 느껴졌어요.

"인도는 1947년 8월 15일에 독립했지만, 파키스탄과 분단되는 아픔을 겪었어. 영국이 식민 통치 시절, 종교 갈등을 심화시켜서 둘 사이를 갈라놓았거든. 그럼에도 인도와 파키스탄은 오랜 전통을 공유하고, 크리켓을 좋아한다는 공통점이 있지."

"크리켓은 영국이 남긴 흔적인 셈이네."

원자 폭탄급의 충격, 비키니

"너희들 여기 있었구나. 운동복 하나 사는 것도 쉽지 않네. 나중에 다시 와야겠어."

이모와 만나 스포츠 층을 돌아 나오던 은서는 수영복 매장에서 걸음을 멈췄어요.

"엄마는 수영을 좋아하는데, 저는 물이 좀 무섭더라고요. 이모, 수영은 언제부터 했어요?"

은서는 화려한 꽃무늬 수영복을 보며 이모에게 물었어요.

"아마 선사 시대부터 사람들은 살아남기 위해 수영을 익혔을 거야. 고대에는 남자들이 전투에서 적군을 물리치려고 수영 실력을 길렀고. 하지만 중세 이후 오랫동안 서양 사람들은 물을 멀리했어. 익사 사고가 날까 봐, 중세 독일과 영국의 대학에서는 학생들에게 수영을 아예 금지했대."

"물에서 안전하려면 수영을 배워야 하지 않아요?"

"그만큼 익사 사고를 두려워했던 모양이야. 심지어 18세기에 태평양을 탐험한 영국의 제임스 쿡 선장도 수영할 줄 몰랐대. 쿡 선장은 마지막 항해에서 하와이 주민들의 공격을 받아 죽었는데, 부하들이 탄 보트까지 헤엄쳐 갈 실력도 안 됐다나 봐. 수영할 줄 알았으면 살았을지도 모르지."

"태평양을 누빈 탐험가도 수영을 못했다니, 의외네요."

"그런데 18세기에 이르자 서양의 상류층이 바닷가로 모여들기

· 원피스 수영복을 입은 애넷 켈러먼

시작했어. 의사들이 바닷물 치료를 권했거든. 하지만 헤엄친 게 아니라 몸을 담그고, 바닷물을 마시기도 했대."

"헉, 그 짠물을! 그럼 수영복도 그때 생긴 거예요?"

"아니, 오늘날의 수영복은 20세기 중반에나 나왔어. 오스트레일리아 수영 선수 애넷 켈러먼은 1907년 미국 바닷가에서 자신이 개발한 원피스 수영복을 입었다가 체포되기도 했단다."

"왜요?"

"몸에 착 붙은 수영복이 풍속을 어지럽힌다는 이유였지."

"뭐라고요? 그렇다고 물에서 펄럭거리는 원피스를 입을 수는 없잖아요!"

"애넷 켈러먼은 어릴 적 소아마비를 앓았지만, 신체의 한계를 딛고 수영 선수가 된 사람이야. 법정에서 애넷은 수영복이 왜 필요한지 당당히 말하고는 판사에게 허락을 받아 냈어. 이 사건이 널리 알려지면서 여성 수영복에 혁명적 변화가 시작됐지."

"세상을 바꾸려면 역시 용기가 필요해."

은서가 다부진 표정으로 주먹을 불끈 쥐었어요.

"그 뒤로 디자이너들은 여성 수영복을 더 작게 만들려고 경쟁하다가 1946년에 비키니를 만들었어."

이모가 옷걸이에 걸린 하얀 비키니 수영복을 가리켰어요.

"비키니는 태평양에 있는 비키니섬에서 따온 이름이야. 여성들이 비키니 차림에 배꼽을 내놓고 나타나자, 사람들은 비키니섬에 있었던 일만큼이나 충격을 받았거든."

"비키니라는 섬이 있군요. 그 섬에서 어떤 충격적인 일이 있었는데요?"

"1946년부터 1958년까지 미국이 그 섬에서 여러 차례 원자 폭탄 실험을 했거든."

현수 오빠가 차근차근 설명하기 시작했어요.

"원자 폭탄이면⋯⋯ 우리나라가 해방되기 직전에 일본에 떨어졌다는 폭탄이요?"

은서는 책에서 봤던 버섯구름이 떠올랐어요. 원자 폭탄이 떨어지고 나면 생기는 무시무시한 구름이지요.

"맞아. 1945년 8월, 미국이 일본의 항복을 받아 내려고 히로시마와 나가사키에 원자 폭탄을 떨어뜨렸지. 그 결과 제2차 세계 대전이 막을 내렸지만, 원자 폭탄은 엄청난 피해를 남겼어. 당시 히로시마에는 징용된 조선인이 5만 명쯤 살고 있었는데, 10분의 1쯤 되는 사람들이 목숨을 잃었다고 해. 살아남은 청년들도 방사능 피해로 평생 고통에 시달렸지."

"아, 일본인들만이 아니라 우리나라 사람들도 희생되었구나."

"비키니섬 핵 실험은 여러모로 큰 파장을 일으켰어. 미국이 비키니섬에 살던 사람들을 쫓아낸 뒤 동물들을 데려와 실험 대상으로 삼았고, 이 작전에 참여한 군인들을 폭발 지점에 최대한 가까이 가도록 명령했다는 게 알려졌거든."

"비키니섬에서 정말 충격적인 일이 벌어졌네."

"그런 섬 이름에 빗댈 정도였으니 비키니 수영복이 얼마나 사람들에게 충격을 줬는지 알겠지?"

아무렇지 않게 생각하던 수영복 이름에 이렇게 무시무시한 핵 실험이 얽혀 있을 줄이야. 비키니를 입는 사람들은 과연 이 사실을 알고 있을까요? 은서는 수영복 매장에 걸려 있는 비키니 수영복을 바라보며 생각에 잠겼어요.

세계 평화를 도모하는 올림픽

은서는 마네킹이 쓴 흰색 둥근 모자를 보자, 양궁 선수가 활을 당기던 순간이 떠올랐어요.

"이모, 이번 올림픽 보셨어요? 양궁 재미있었죠?"

"응. 금메달을 딸 때 어찌나 짜릿하던지!"

"뉴스를 보니 그리스 올림피아의 신전에서 성화 봉송이 시작되

더라고요. 선수들이 깃발을 바라보며 선서하는 모습에서 엄숙한 분위기가 느껴졌어요."

"그건 고대 올림픽이 종교 의식과 관련된 행사였기 때문이야. 은서도 그리스 신화 읽었지?"

"네, 만화책으로 읽었죠."

"그러면 발꿈치가 유일한 약점이었던 아킬레우스도 알겠구나. 아킬레우스는 트로이 전쟁 중에 친구 파트로클로스가 죽자, 그의 죽음을 기리기 위해 여러 종류의 운동 경기를 열었다고 해. 그렇게 고대 그리스인들은 죽은 사람이나 신을 기리는 종교 의식을 치를 때 운동 경기를 열었단다."

"와, 고대 그리스부터면 정말 역사가 오래되었네요!"

"쭉 이어지진 않았어. 고대 올림픽은 천 년 동안 지속되다가 4세기에 중단되었어. 기독교를 국교로 삼은 로마 황제 테오도시우스 1세(346년경~395년)가 올림피아 제전을 금했단다. 기독교는 오직 하나의 신만을 믿는 종교여서, 고대에 여러 신을 믿던 풍습을 그대로 둘 수 없었던 거야."

"그럼 올림픽은 언제부터 다시 열린 거예요?"

"프랑스의 쿠베르탱이 노력을 기울인 끝에 1896년 아테네에서 제1회 올림픽이 개최되었어. 쿠베르탱은 고대 그리스의 도시 국가들이 올림픽이 열리는 동안에는 무기를 내려놓은 데 주목했어. 바로 그런 평화 정신을 이어받자고 주장했지. 올림픽의 상징인 오륜도 쿠베르탱이 만든 거야."

이모가 포스터에 있는 올림픽 오륜을 가리키며 말했어요.

"여기 다섯 개의 원은 무슨 의미예요?"

"다섯 대륙이 하나가 되길 바라는 의미가 담겨 있어."

은서가 "아하!" 하고 고개를 끄덕였어요.

"쿠베르탱도 평화를 주장하긴 했지만 조국 프랑스가 전쟁에서든, 스포츠에서든 다른 나라에 지는 건 싫었을걸. 민족주의가 과열된 때였으니까. 그러다가 세계 대전까지 일어났잖아."

"현수, 예리한걸! 게다가 언론이 메달 순위를 자꾸 보도하면서 국가 사이에 경쟁을 부추기지."

이모가 현수 말에 고개를 끄덕이며 말했어요.

"그래도 요새는 메달을 못 딴 선수도 격려하고, 다른 나라 선수들끼리 우정도 쌓는 훈훈한 이야기도 많던데요."

은서가 말했어요.

"암, 그래야지. 때로는 참가 자체가 감동을 줄 때도 있어. 우리나라는 1948년 7월 런던 올림픽에 최초로 참가했단다."

"어, 그때는 대한민국 정부가 세워지기 전 아니에요?"

"맞아. 우리나라는 1945년 8월 15일 해방되고 나서도 남북 분단을 비롯한 여러 어려움을 겪었지. 하지만 국제 올림픽 위원회에 참가 허락을 받아 내고, 복권과 기념 우표를 발행해서 가까스로 돈을 모아 런던 올림픽에 참가했단다. 선수들이 KOREA라고 적힌 팻말을 앞세우고 우리나라가 해방을 맞았다는 사실을 전 세계에 알렸지."

· 1948년 런던 올림픽에 출전한 한국 선수단

"어려운 시절에 우리나라를 세계에 알렸으니 선수들도, 우리 국민들도 울컥했겠네요."

"그럼. 당시 서울에서 영국까지 가는 데에만 20일 넘게 걸렸다더구나. 기차도 타고, 배도 타고, 비행기도 타고…… 요즘은 비행기로 한나절이면 가는 거리지만, 당시에는 아주 큰 마음을 먹고 떠났을 거야."

"그런데 이모, 경기 성적에 집착하다가 약물을 사용하는 선수들도 있던데요?"

"응. 선수 개인의 문제뿐 아니라 개최지나 정식 종목 채택을 둘러싼 경쟁이 심해지고, 지나치게 상업화되는 문제도 있어. 하지만 올림픽은 세계인의 축제이니만큼 전 세계에 메시지를 전하는 좋은 기회가 되기도 해. 1968년 멕시코 올림픽 때는 200미터 달리기 대회에서 각각 금메달, 동메달을 딴 미국의 두 흑인 선수가 시상식장에서 검은색 장갑을 낀 손을 치켜들며 인종 차별에 항의했단다. 원래 올림픽에서는 정치적인 표현이 금지된 터라 두 선수는 결국 선수촌에서 추방되었어. 하지만 그런 처분을 각오하고 자신들의 생각을 전 세계 사람들에게 전한 거지."

"아, 용기 있는 행동이었네요."

"이모는 1988년 서울 올림픽 주제곡이 올림픽 정신을 잘 표현했다고 생각해. '손에 손잡고 벽을 넘어서'로 시작하는 노래가 있는데, 들어 봤니?"

"귀에 익은 것 같아요."

"그 노랫말처럼 제발 인류가 함께 차별을 넘어 평화를 추구하면 좋겠다."

이모의 말에 은서는 올림픽 때마다 우리나라 선수가 어떤 종목에서 메달을 몇 개나 따는지에만 관심을 쏟았던 스스로를 돌아보았어요. 이제부터라도 올림픽이 세계 평화를 꿈꾸는 자리라는 사실을 잊지 않기로 마음먹었어요.

수저와 포크, 나이프에 담긴 역사

"나온 김에 주방용품도 좀 보고 가자. 아마 리빙관에 있을 거야."

"이모, 뭐 필요한 거 있어요?"

"네 엄마 이번에 승진했다며. 축하하는 의미로 선물을 하나 사 줄까 하고."

이모의 말에 은서도 덩달아 신이 났어요.

"엄마는 요새 예쁜 포크랑 나이프에 꽂혀서 맨날 휴대폰으로 찾아보세요."

"그래? 그럼 포크랑 나이프를 한번 볼까?"

리빙관에 들어서자 가지런히 진열된 그릇과 유리잔들이 먼저 눈에 띄었어요. 프라이팬 같은 주방용품도 종류별로 놓여 있었죠. 조금 걸어가니 그릇 사이로 반짝이는 수저 세트가 보였어요.

"은서야, 방탄소년단이 젓가락으로 피자랑 케이크 먹는 사진에 외국인들이 댓글 단 것 봤어? 신기하다고 난리가 났더라."

현수 오빠가 젓가락 세트를 들여다보며 말했어요.

"그래? 젓가락 안 쓰는 지역이 많은가 봐?"

"그럼! 포크와 나이프, 숟가락을 쓰는 지역도 있고, 손가락으로 먹는 '핑거 푸드'도 있잖아. 젓가락을 쓰는 사람은 전 세계 인구의 약 30퍼센트밖에 안 돼."

"생각보다 얼마 안 되네? 그런데 왜 지역마다 쓰는 식사 도구가 다른 거야?"

"같은 쌀밥만 놓고 봐도 지역마다 다 달라. 우리나라랑 중국 중부, 일본에서 재배되는 벼로 지은 밥은 찰기가 많아. 이런 밥은 손에 달라붙기 때문에 식사 도구가 필요해. 반면에 중국 남부, 인도, 동남아시아에서 재배하는 벼로 지은 밥은 퍼석퍼석해. 그런 밥은 손으로 먹어도 괜찮지."

이모가 차근차근 설명해 주었어요.

"아하, 음식에 따라 식사 도구가 달라진 거군요!"

"은서 너, 최초의 식사 도구가 뭐였을 거 같아?"

"글쎄? 아, 손이네!"

의기양양한 은서를 보고 현수 오빠가 당황스러운 듯 머리를 긁적였어요.

"그렇네. 난 숟가락이라고 말하려고 했는데. 죽을 떠먹으려면 숟가락이 필요하잖아. 신석기 시대 사람들은 동물 뼈로 숟가락을 만들거나, 긴 막대기 끝에 조개껍데기를 묶어서 숟가락으로 썼대."

"그럼 젓가락은 나뭇가지를 잘라서 만들었나?"

은서의 호기심이 점점 커지자 이모가 설명을 시작했어요.

"그러기도 했겠지? 중국 신석기 유적에서는 숟가락 외에 젓가락의 원형으로 짐작되는 기다란 뼈 막대도 발견되었어. 젓가락은 아마 중국의 전국 시대(기원전 403년~기원전 221년)부터 널리 쓰였을 거야. 처음에는 주로 반찬을 집는 데 쓰다가 국수나 만두 같은 밀가루 음

150

식이 늘어나면서 젓가락이 중요해졌지.”

"하긴 숟가락으로 떠먹기 힘든 음식이 많긴 하죠.”

은서가 고개를 끄덕였어요.

"14세기 후반에 세워진 명나라 때부터는 젓가락만 쓰는 사람들이 늘어났어. 오늘날에도 중국인들은 젓가락만 쓸 때가 많아. 베트남 사람들도 주로 젓가락으로 밥을 먹지. 고대 일본에서도 귀족은 숟가락과 젓가락을 썼지만, 백성들은 금속 숟가락이 비싸서 젓가락만 썼대.”

"젓가락을 쓰는 지역 안에서도 나라마다 차이가 있군요.”

"프랑스 비평가 롤랑 바르트는 젓가탁이 포크처럼 음식을 찌르지도, 나이프처럼 베지도 않으면서 음식을 옮긴다고 감탄했지.”

이모가 매끈한 나무젓가락을 흔들어 보이며 말했어요.

"듣고 보니 그러네요. 그럼 서양 사람들은 왜 포크와 나이프를 쓰는 거예요?”

"서양에서는 요리할 때 재료를 잘게 썰지 않거든. 스테이크도 식탁에서 나이프로 잘라서 포크로 찍어 먹잖아.”

현수 오빠가 얼른 이야기에 끼어들었어요.

"그렇지.”

은서가 고개를 끄덕였어요.

"17세기 이전까지 유럽 사람들은 칼을 허리띠에 매고 다니다가 적과 싸울 때도 쓰고, 식탁에서도 썼어."

"헉, 뭔가 무지막지한 것 같아."

은서가 뜨악한 표정을 지었어요.

"하하, 17세기부터는 유럽의 식사 문화도 달라졌어. 프랑스의 루이 14세가 우아한 궁정 예절을 보급했거든. 이때는 칼로 무장한 중세 기사도 사라진 뒤였어. 사람들은 식탁에 놓인 날카로운 칼을 야만스럽다고 여기게 됐지. 그래서 날이 무딘 나이프와 포크가 식탁에 오르게 된 거야."

"이모, 포크도 오래전에 생겼어요?"

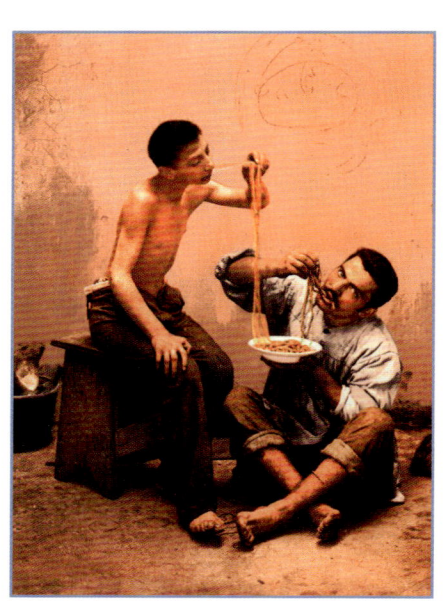
· 파스타를 손으로 먹는 이탈리아 사람들

"고대 중국에서는 제사에 바치는 고기를 포크와 비슷한 기다란 도구로 들어 올렸어. 하지만 식사 때 이 도구를 쓰지는 않았어. 유럽에서도 약 400년 전까지는 포크를 식사 도구로 쓰지 못했단다."

"왜요?"

"여러 갈래로 갈라진 포크 모양을 보고 악마의 삼지창을 떠올렸거든."

"큭, 그렇게 생각할 수도 있었겠

네요."

"포크가 보편화된 건 파스타 덕분이야. 17세기 무렵 이탈리아 사람들이 파스타를 먹을 때 써 보고 포크가 편리하다는 걸 알았거든. 18세기 무렵에 이르러서야 유럽 사람들은 포크를 써야 손도, 음식도 더러워지지 않는다는 걸 깨달았지."

이모가 진열된 포크 하나를 들어 올리며 말했어요.

"앗, 그 포크, 엄마가 찾아보던 디자인이랑 비슷해요! 딱 엄마 스타일이에요!"

"깔끔하고 좋은데? 엄마, 여기 세트로도 있어요."

"좋아, 그럼 이 세트로 결정! 이건 나중에 은서가 잘 전해 줘."

중국과 한국, 일본, 유럽을 잇는 도자기의 여행

"그릇들을 보니 도자기 공방에 다니던 때가 생각나네."

"이모, 도자기도 만드셨어요?"

"거창하게 생각할 건 없어. 사실 도자기처럼 실용적인 물건도 없으니까."

이모가 손사래를 치며 말했어요.

"도자기가 실용적인가요? 저는 도자기 하면 유물이라는 생각밖에 안 드는데요."

은서는 박물관에서 본 도자기가 떠올라 고개를 갸웃거렸어요.

153

"도자기는 도기와 자기를 합쳐서 부르는 말이야. 장독, 떡시루 같은 것은 '도기'에 속하고 청자, 백자 같은 것을 '자기'라고 해."

"왠지 도기보다 자기 만들기가 더 까다로울 거 같아요."

"응. 도기는 오래전부터 세계 곳곳에서 만들었어. 하지만 자기는 17세기 전까지 중국과 우리나라만 만들 수 있었지."

"와, 정말요?"

"자기를 만들려면 고령토라는 흙이 필요한데, 대부분 그 사실을 몰랐고, 설령 알아도 구하기 어려웠거든. 오랜 시간 가마에 불을 때서 높은 온도를 유지하기도 쉽지 않았지. 중국이 처음으로 자기를 만들었고, 우리나라는 고려 초기부터 중국의 기술을 배워 청자를 만들기 시작했어."

"고려청자라고 하면 더 익숙하겠다. 푸른색을 띠는 자기를 청자라고 해."

현수 오빠가 덧붙였어요.

"고려청자! 나도 본 적 있어. 푸른 바탕에 학 같은 새가 그려진 도자기 말이지. 연꽃 모양 도자기도 있고. 맞지?"

은서가 책에서 본 사진을 떠올리며 말했어요.

"그런데 일본도 도자기를 쓰지 않았어요? 한·중·일 세 나라 문화가 비슷하잖아요."

"일본은 17세기부터 자기를 만들기 시작했어. 이순신 장군이 활

약했던 임진왜란 알지? 그 전쟁 때 일본인들이 우리 도공을 많이 데려갔단다."

"헉, 조선의 도자기 장인을요? 도자기가 얼마나 탐났으면 전쟁 중에 도공을 다 잡아갔을까요."

"그때 일본으로 끌려간 도공 가운데 이삼평이라는 사람이 있었어. 이삼평은 1616년 규슈 아리타의 깊은 산속에서 고령토 광산을 발견했지. 그러고는 다른 장인들과 함께 커다란 가마를 짓고 일본 최초로 백자를 만들었어. 400여 년이 지난 지금도 이삼평은 일본에서 '도자기의 신'으로 불린단다."

"일본의 도자기 신도 '메이드 인 조선'이네요."

이모는 마음에 드는 그릇이 많다며 한참 동안 자리를 뜨지 못했어요. 이모와 함께 다양한 그릇을 둘러보다가, 파스텔톤 그릇이 가득한 매장이 눈에 들어왔어요. 혼자 매장을 기웃거리고 있자니 점원으로 보이는 아주머니가 말을 걸었어요.

"그릇 빛깔이 참 곱지? 여기서 파는 그릇은 영국제란다. 여기 '1809 메이드 인 잉글랜드' 보이지?"

"제가 듣기론 옛날 유럽에서는 중국 도자기를 최고로 쳤다던데, 영국 그릇도 멋지네요?"

은서의 말에 아주머니가 감탄했어요.

"똑똑한 학생을 만났네. 요즘은 유럽 도자기 수준이 상당하단다. 독일, 덴마크, 영국, 헝가리에 세계적인 도자기 브랜드가 있거든."

"어, 중국과 우리나라 도자기는 빠졌네요? 예전에는 도자기를 가장 잘 만드는 나라였다고 하던데요."

"잘 알고 있구나! 사실 유럽 도자기는 중국의 영향을 많이 받았어. 산업 혁명 전까지 유럽은 중국이나 인도보다 기술 수준이 떨어졌어. 그래서 유럽 사람들은 머나먼 동양에서 온 최고급 비단이나 도자기에 열광했지. 지금이야 지구 건너편 소식도 금방 알 수 있지만, 13세기만 해도 인도나 중국에 가 본 유럽 사람은 드물었단다. 그러다 마르코 폴로라는 이탈리아 상인이 동양을 여행하고 남긴 《동방견문록》이라는 책이 큰 인기를 끌었어. 그 책을 본 유럽 사람들은 동양을 한층 더 동경하게 되었다는구나."

"와, 그 시절의 여행 유튜버인 셈이네요!"

은서가 감탄했어요.

"동양에 관심이 깊어지면서 유럽의 왕족과 귀족들은 성이나 저택에 중국 도자기 방을 따로 마련할 정도로 도자기 수집에 열을 올렸대. 도자기를 어찌나 귀하게 여겼는지 흰색 금이라는 뜻의 '화이트 골드'라고 부를 정도였다지 뭐야."

아주머니가 등 뒤로 진열된 도자기를 가리켰어요. 귀에 쏙쏙 들어오는 설명에 은서는 저도 모르게 귀를 쫑긋 세웠어요.

"유럽 사람들도 직접 도자기를 만들어 보려고 무던히 애쓰다가 18세기 초에 독일에서 유럽 최초로 자기를 만들었지. 뒤이어 유럽의 다른 나라들도 자기를 만들기 시작했고. 그중 영국에서는 '본차이나'라는 걸 만들었단다."

"본차이나? 이름에 중국이 들어가네요?"

"그렇지. 중국을 뜻하는 영어 '차이나(china)'는 도자기를 가리키는 말로도 쓰이거든. 본(bone)이 무슨 뜻인지 알고 있니?"

· 본차이나

"뼈요!"

자신만만한 은서의 대답에 아주머니가 싱긋 웃었어요.

"맞아. 영국에서는 고령토에 동물의 뼛가루를 섞어서 본차이나를 만들었어."

"와, 뼛가루를 넣었으면 도자기가 정말 단단하겠네요."

"물론이지. 그리고 저기, '마이센' 보이지? 마이센이라는 독일 도시의 이름을 딴 브랜드란다."

아주머니는 조금 떨어진 매장을 가리켰어요.

"독일 마이센 도자기는 일본 아리타 도자기의 영향을 많이 받았어. 우리나라의 도공 이삼평이 없었다면 아리타 도자기도 세상에 나오지 못했을 테고, 독일 마이센 도자기도 없었을 거야."

"은서야, 어디 있니?"

이모가 부르는 소리에 은서는 아주머니께 인사하고 매장을 나왔어요. 한 발 한 발 걸음을 옮기며 중국과 우리나라, 일본, 그리고 유럽으로 이어진 도자기의 여정을 떠올려 보았지요. 반짝거리는 그릇 하나하나가 멋진 여행을 하고 온 것처럼 보였어요.

가전제품의 탄생, 그리고 위기에 빠진 지구

"현수는 통화가 길어지나 보네. 저기 소파에 앉아서 기다릴까?"

양손에 쇼핑백을 들고 온 이모가 은서에게 말했어요. 조금 있으니 현수 오빠가 웃으며 걸어왔어요.

"엄마, 저쪽에 수입 조명 매장이 생겼던데, 한번 둘러볼까요?"

오빠가 말한 곳에 가 보니 크기도, 모양도 제각각인 조명들이 빛을 내고 있었어요.

"이모, 이런 전등은 언제 처음 생겼어요?"

"에디슨이 전등 특허를 1879년에 신청했어. 그러니까 전등의 역사는 150년 정도 되었지."

"그럼 그전에는 깜깜할 때 어떻게 했어요?"

"주로 촛불을 켰지. 밀랍으로 만든 초는 너무 비싸서, 평민들은 동물성 기름으로 수지 양초를 만들어 썼어. 그런데 수지 양초는 타는 동안 고약한 냄새, 연기가 진동하는 데다 불빛도 영 신통치 않았단다."

"은서야, 어둠을 밝히느라 멸종될 뻔한 고래도 있다!"

현수 오빠가 불쑥 끼어들었어요.

"고래가 왜?"

"18세기에는 향유고래의 머릿골에서 짜낸 경뇌유로 양초를 만들었거든. 이 기름으로 만든 양초는 불빛이 환하고 냄새도 심하지 않아서 인기가 많았지."

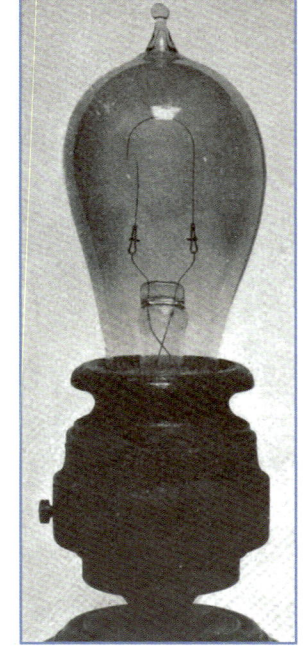

· 에디슨이 만든 초기 형태의 탄소 필라멘트 전구

159

"고래들이 불쌍해."

은서가 이맛살을 찌푸렸어요.

"사람들은 경뇌유를 얻으려고 죽을힘을 다해 향유고래와 싸웠어. 허먼 멜빌이 쓴 《모비 딕》도 그 시대를 배경으로 한 작품이야. 1백여 년간 30만 마리 가까이 향유고래가 죽었대."

"헉!"

은서는 그림책에서 봤던 넘실거리는 파도, 거대한 고래를 떠올리며 생각에 잠겼어요.

"19세기 중엽에는 양초보다 훨씬 밝은 석유램프가 발명되었어. 그 덕분에 밤에도 글을 읽을 수 있게 되면서 출판업이 발달했지. 그 뒤로 수십 년 동안 발명가들이 노력을 기울인 끝에 드디어 전구가 발명되었어."

이모가 안경을 추켜올리며 말했어요.

"다른 전기 제품은 언제부터 쓰기 시작했어요?"

"사실 가전제품의 역사는 얼마 되지 않았어. 미국 가정에 전기가 보급된 게 1920년대부터거든. 제1차 세계 대전 무렵에는 무기 공장에서 엄청난 전력을 소비했는데, 전쟁이 끝나니까 전력이 남아돌게 된 거야. 전력 회사들이 그 해결책을 가전제품에서 찾으면서 세탁기나 냉장고 같은 가전제품이 가정에 들어온 거지."

"요즘에는 펫 가전까지 나왔던데. 아까 오다가 봤어."

"그런 게 다 있어?"

은서와 이모는 궁금증을 참지 못하고 현수 오빠가 말한 쪽으로 가 보았어요.

"오, 모래 자동 보충에 배변 활동 체크까지! 가전제품 덕분에 반려동물 돌보기도 편해졌네요."

냥집사를 꿈꾸는 은서는 자동 고양이 화장실을 보고 눈을 반짝였어요.

"가전제품은 편리함만 가져다준 게 아니라 사람들의 삶을 크게 바꿔 놓았어. 이를테면 에어컨은 1902년에 인쇄 공장에서 처음 쓰였어."

"시원하게 지내려고 에어컨을 발명한 게 아니었어요?"

"윌리스 캐리어가 인쇄 공장의 습기를 줄이려고 에어컨을 처음 만들었단다."

"아, 캐리어! 들어 봤어요. 에어컨 브랜드잖아요."

"맞아. 습도와 온도를 조절하는 에어컨 덕분에 많은 사람이 더운 지역으로 이주할 수 있었어. 공기를 순환시키는 에어컨이 인구 이동을 부추긴 셈이야."

"정말 그러네요."

은서가 맞장구쳤어요.

"편리한 기술 속에는 안 좋은 면이 숨어 있게 마련이야. 에어컨

· 캐리어가 만든 대형 에어컨이 설치된 공장

을 돌리면 실내가 시원해지는 대신 전기를 많이 쓰게 되잖아. 실외기가 내뿜는 열기와 소음도 만만치 않고 말이야."

현수 오빠가 진지한 표정으로 말했어요. 은서의 표정도 덩달아 어두워졌어요.

"요즘에는 로봇 청소기나 아까 본 펫 가전처럼 인간의 노동을 대신해 주는 제품도 늘어나고 있지. 인공지능이 발달하면서 곧 사람의 일자리를 대체하게 될 거라는 이야기도 나오고 말이야."

이모도 생각이 많은 얼굴로 말했어요.

"맞아요. 인공지능이 바둑도 이기던데요?"

"인공지능을 포함한 고도의 과학 기술도 인간의 경험과 노력이 쌓인 결과야. 세상이 복잡해질수록 인간은 더 많이 고민하며 좋은 방향으로 세상을 이끌어 가야 한단다."

"어떤 문제가 닥치든 결국 우리 인간이 해결해야 한다는 말이죠?"

"그래. 인류가 지혜를 모으고 서로 협력해야지. 우리가 편리한 생활을 누리느라 위기에 빠진 지구도 함께 구하고 말이야. 전기를 아껴 이산화탄소 배출량을 줄이는 것처럼 일상생활 속에서 작은 것부터 실천하면 돼. 할 수 있겠지?"

이모의 말에 은서는 크게 고개를 끄덕였어요.

9. 음식의 역사

인류의 진화를 도운 고기와 불

꼬르륵!

"어머, 누구 배에서 난 소리지?"

이모의 말에 은서가 얼굴을 붉히며 두 손으로 배를 감쌌어요.

"출출할 때가 됐지? 지하 식품 매장에서 저녁거리를 사 가자."

세 사람은 엘리베이터를 타고 지하로 내려갔어요.

지하 1층은 장을 보는 사람들, 식당에서 밥을 먹는 사람들로 북적였어요.

"너희들, 먹고 싶은 것 있니?"

"돈가스요!"

은서가 어젯밤에 본 먹방을 떠올리며 외쳤어요.

"나도 찬성!"

현수 오빠가 입맛을 다시며 맞장구쳤어요.

"어쩜, 요즘 애들은 고기를 참 좋아한단 말이야. 현수도 끼니때마다 고기를 먹으려고 해."

"날씬해지려면 고기를 덜 먹어야겠죠?"

은서가 아쉬운 얼굴을 하자, 현수 오빠가 냉큼 대답했어요.

"아니지, 살을 찌우는 음식은 흰쌀밥, 보드라운 빵, 단것들이야. 고기는 단백질 섭취에 가장 좋은 음식이지. 인류의 진화와 역사 발전에도 고기가 큰 역할을 했대."

"인류 진화가 고기랑 관계가 있다고?"

현수 오빠의 말에 은서 눈이 동그래졌어요.

"인류가 침팬지 같은 모습에서 진화한 건 알지? 최초 인류 오스트랄로피테쿠스는 두 발로 걸었지만 몸이 약하고, 그다지 총명하지 못했어. 그런 신체 조건으로는 다른 동물을 사냥하기 어려웠지. 오히려 사냥당할까 봐 조심조심 마음을 졸이면서 살았어."

"그런데 어떻게 고기를 먹었대?"

"신체 구조 덕분이야. 맹수들은 손이 없으니까 사냥한 동물의 뼈에서 살을 잘 발라 내지 못하잖아. 그러니 대충 먹고 나머지는 버리는 거지. 배를 채운 맹수가 어슬렁어슬렁 가고 나면 새들이 날

아와서 남은 고기를 쪼아 먹지. 그러고 나서도 죽은 동물 뼛속에는 여전히 골수와 뇌가 남아 있어. 초기 인류는 그런 고기 찌꺼기를 먹으면서 진화했어."

"인간은 만물의 영장이라는데, 처음에는 고기 찌꺼기나 겨우 얻어먹었구나."

"응. 초기 인류는 죽은 동물을 손으로 샅샅이 헤집어서 고기 찌꺼기를 끄집어냈어. 그러다가 고기를 뼈에서 잘 발라 내려고 도구를 만들었지. 이들을 '손을 쓴 사람', 그러니까 호모 하빌리스라고 불러. 다른 동물들이 먹다 남긴 것이면 어때? 그 속에 든 단백질 덕분에 인류는 똑똑해지고, 체격도 커졌어. 점차 여럿이 힘을 모아 사냥할 줄도 알게 되었지."

"처음에는 날고기를 먹었겠지?"

"응. 인류가 불을 쓴 건 호모 에렉투스 때부터야. 번개가 치거나 화산이 폭발해서 불이 나면 처음엔 무서웠을 거야. 그런데 불 붙은 나뭇가지로 맹수를 물리쳐 보고, 불 가까이에서 따뜻함을 느끼면서 불이 유용하다는 걸 깨달았겠지."

그때 이모가 끼어들었어요.

"인류는 우연히 얻은 불씨를 소중히 지키며 쓰다가 나중에는 돌멩이 두 개를 맞부딪쳐 불을 피우는 법을 알아냈단다. 불가에 모여 음식을 나눠 먹고 이런저런 얘기를 나누다가 스르륵 잠이 들면 마음이 한결 편안했겠지? 인류는 전보다 차분해지고 협동심도 생겨났어. 서로 주고받는 언어도 정교해졌고 말이야."

이모의 말에 은서가 고개를 끄덕였어요.

"불을 다루면서부터 많은 발전이 있었네요."

"무엇보다 불에 구운 고기 맛이 기막히잖아?"

현수 오빠가 시식 코너에서 고기 한 점을 콕 집어 건넸어요.

"그렇지. 호모 에렉투스는 이 맛을 알았겠네."

은서가 흡족한 얼굴로 고기를 씹으며 말했어요.

"맛만 좋은 게 아니라, 식사 시간과 소화 시간도 짧아졌어. 생고기처럼 익히지 않은 음식을 먹을 때보다 씹는 시간이 줄고, 소화도 빨리 되니까. 그러면서 이와 턱이 작아지고, 내장은 짧아졌지.

영양 공급이 활발해지니까 뇌는 더 커지고 말이야. 식생활이 몸에도 변화를 준 거야."

"불을 사용하면서 도구도 발달했단다. 요리하려면 그릇이 필요하잖아? 그릇을 만들기 전에는 음식을 뜨거운 온천물에 담그거나 동물의 창자, 조롱박, 대나무에 담아 익혀 먹었어."

이모가 말했어요.

"먹는 게 발달하니 도구도 발달한 거군요! 식생활의 변화가 인류 발전을 이끌었네요!"

새로운 바닷길을 개척하게 만든 향신료

"연어 샐러드도 좋겠지? 가만, 통후추가 떨어져 가던데……."

이모가 연어 한 팩을 카트에 담으며 중얼거렸어요.

은서는 수입 향신료 코너에서 걸음을 멈추고 후추를 찾기 시작했어요.

"육두구, 정향, 커민……. 와, 다 처음 보는 거예요!"

낯선 향신료 이름을 하나하나 살펴보는 은서를 보며 이모가 말했어요.

"그러게, 백화점이라 그런지 향신료가 다양하구나. 우리가 자주 쓰는 파, 마늘, 생강 같은 향신료도 있지만, 수입 향신료를 쓰면 색다른 맛을 낼 수 있지."

"은서야, 옛날 유럽에서는 후추 값이 금값에 맞먹었다!"

이모가 찾던 통후추를 카트에 담으며 현수 오빠가 말했어요.

"에이, 설마!"

"정말이야. 지금은 이렇게 구하기가 쉽지만, 옛날에는 유럽과 아시아를 오가는 게 쉽지 않았어. 인도와 동남아시아에서 재배된 후추는 유럽에서 금값으로 팔렸지. 그렇게 비싼데도 유럽 귀족들은 후추를 무지무지 좋아했대."

"왜?"

"톡 쏘는 듯 향이 강한 후추가 권력의 상징처럼 느껴졌던 모양이야. 유럽 귀족들은 음식에 후추를 듬뿍 뿌려서 자신의 지위가 높고 돈이 많다는 것을 자랑했대."

"치, 자랑하는 방법도 가지가지네."

"유럽에서 향신료는 정말 대단한 인기를 끌었어. 그 바람에 세계사에 큰 변화가 일어났잖아."

이모가 슬쩍 역사 이야기를 꺼냈어요.

"향신료 때문에 역사가 바뀌었다고요?"

뜻밖의 이야기에 은서의 눈이 휘둥그레졌어요.

"동양의 향신료는 실크 로드와 지중해를 거쳐 유럽으로 전해졌어. 험난한 실크 로드를 오가던 이슬람 상인, 지중해 무역을 독점한 이탈리아 상인은 향신료 가격을 비싸게 매겨 큰 이익을 보았지. 유럽은 15세기 말이 되어서야 새로운 바닷길을 찾았어. 대서양에 가까운 포르투갈과 에스파냐가 바닷길 개척에 앞장섰지."

"지중해에서 대서양으로 바닷길이 바뀐 거군요?"

은서가 핵심만 콕 집어 물었어요.

"바로 그거야. 콜럼버스 알지? 콜럼버스도 15세기 말에 항해에 나섰잖아."

"네. 콜럼버스는 아메리카를 인도로 알았다고 들었어요."

"응. 콜럼버스를 후원한 나라는 에스파냐였어. 그보다 먼저 포르투갈의 탐험가 바르톨로메우 디아스와 바스쿠 다 가마가 인도로 가는 바닷길을 개척했어."

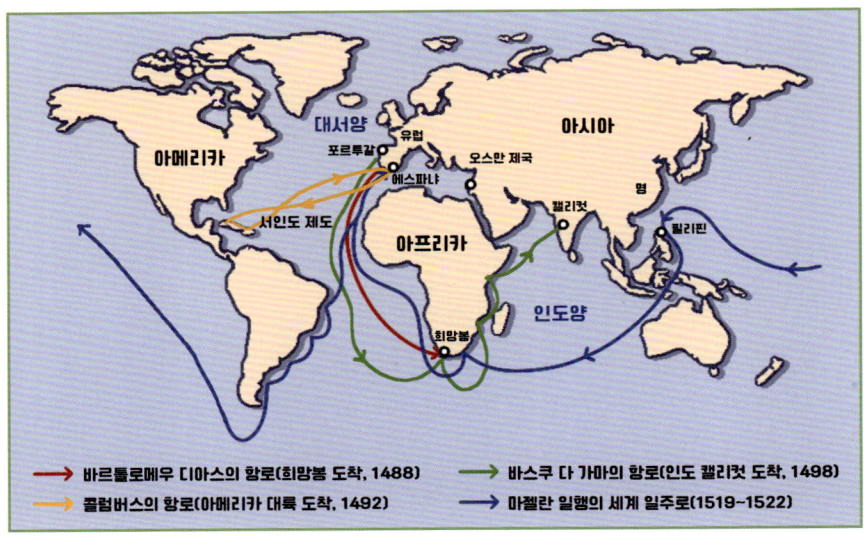

· 15세기 말에 유럽이 개척한 새로운 바닷길

172

"바르톨로메우는 아프리카 대륙 제일 아래 있는 '희망봉'을 통과한 것으로도 유명하지."

현수 오빠가 냉큼 끼어들었어요.

"탐험가들이 여럿이었군요."

"그렇게 새로운 바닷길을 개척하면서 유럽은 생활이 풍족해지고 경제가 발전했어. 아메리카의 토마토, 옥수수, 감자, 고구마, 고추 같은 작물이 전해져 식생활이 크게 바뀌고, 금과 은도 대량으로 들어왔거든."

"유럽에 큰 이익이 되었네요."

"응. 하지만 아메리카는 유럽에 정복되어 고유한 문명이 사라지고 많은 사람이 희생되었지. 그 뒤 유럽은 시민 혁명, 산업 혁명을 거치면서 정치적으로는 민주주의를 이루고 경제적으로는 많은 돈을 벌어들였어. 그러고는 19세기에 이르러 아시아와 아프리카의 많은 국가를 식민지로 삼아 지배했단다. 20세기에는 미국의 세력이 크게 확대되었지. 그 결과로 서양의 문화와 정치 제도가 전 세계에 퍼진 거야."

"아, 그래서 우리가 서양 옷을 입고 서양 음식을 먹고, 서양식 집에 살게 된 거군요."

은서가 눈을 반짝이며 말했어요.

식문화 교류의 흔적, 돈가스와 카레, 짜장면

"이모, 그런데 돈가스는 무슨 뜻이에요? '돈'은 왠지 한자일 거 같은데, 가스는 영어 같기도 하고……."

은서가 돈가스용 고기 팩을 보며 물었어요.

"서양 요리 중에 고기에 빵가루를 입혀 기름에 지진 커틀릿이 있어. 일본 사람들이 이 커틀릿을 '가쓰레쓰'라고 발음한 데서 '가스'란 말이 나왔지. '돈'은 돼지를 뜻하는 한자 돈(豚)이고."

"아하, 영어 '커틀릿'에서 '가스'가 나온 거구나."

"돈가스는 서양에서 출발했지만 일본식으로 다시 태어난 요리야. 튀긴 돼지고기를 먹기 좋은 크기로 썰어 밥이랑 채 썬 양배추를 곁들이고, 젓가락으로 집어 먹잖아."

"문화권을 넘나들며 음식이 바뀐 거네요."

"그런 음식이 또 있지. '치킨티카마살라' 먹어 봤어?"

현수 오빠가 은서에게 물었어요.

"응. 우리 가족 다 카레를 좋아하거든. 인도 카레 식당에서 먹었는데 맛있었어."

"그건 영국인들이 인도의 치킨 티카에 혼합 향신료인 마살라를 섞어 만든 요리야. 짜장면도 중국의 자장미엔과 비슷하지만, 화교들이 우리나라 사람들 입맛에 맞게 바꾼 국수지."

"먹는 얘기 하니까 더 배고프네! 그나저나 일본 사람들은 맛있는 돈가스를 어떻게 만들었을까요?"

은서가 입맛을 다시며 침을 꿀꺽 삼켰어요.

"나라에서 고기 먹는 걸 권장했거든. 일본은 19세기 말부터 하루빨리 서양을 따라잡으려고 근대화에 힘을 쏟았어. 그 방법의 하나로 고기를 많이 먹어 서양인처럼 체력을 키우자는 움직임이 일면서 20세기 초에 돈가스가 생겨났지. 일본 사람들은 서양이 강해진 비결 중 하나가 고기를 많이 먹는 데 있다고 생각했거든."

"그 전에는 일본 사람들이 고기를 잘 안 먹었나 보죠?"

"우리나라, 중국, 일본은 서양처럼 가축을 많이 기르지 않았기 때문에 고기 먹는 일이 드물었어. 더구나 소는 농사일에 쓰는 가축이라 함부로 잡아먹을 수 없었지. 살생을 금하는 불교의 영향도 있었고. 일본은 우리나라, 중국보다 먼저 서양 음식 문화를 접하고 큰 충격을 받은 거야."

현수 오빠가 이모 말에 설명을 덧붙였어요.

"서양에서는 일찍이 소, 돼지 같은 가축의 품종을 개량했거든. 다른 지역에서 좋은 가축이 들어오면 토종 가축과 교배해서 새끼를 낳게 했어. 그 결과 소는 키가 훌쩍 컸고, 돼지는 살이 많아졌고, 닭은 달걀을 많이 낳게 되었지."

"그럼 예전에는 돼지나 닭이 지금이랑 다르게 생겼겠네?"

"응. 지역 간의 교류가 활발해지고 가축용 사료도 점점 많이 재배되면서 고기 공급이 갈수록 늘어났어."

"그런데 일본은 어떻게 중국이나 우리나라보다 먼저 서양 문화를 접한 거예요?"

"일본은 섬나라여서 서양과 자주 교류하다가 동아시아에서 가장 먼저 개항했거든."

"개항이요?"

"항구를 열었다는 뜻이야. 동아시아 국가들은 서로 무역하는 것만으로도 충분했기 때문에 서양에 항구를 완전히 열지 않았어. 하지만 서양은 산업 혁명 이후 남아도는 상품을 팔고 값싼 원료를 구하기 위해 아시아와 아프리카를 침략했어. 19세기 중반에 일본이 개항한 것도 미국의 페리 제독이 시꺼먼 군함을 이끌고 쳐들어와 위협했기 때문이야."

"우리나라는 흥선 대원군이 개항을 거부했다고 책에서 봤는데 비슷한 시기예요?"

"맞아. 일본은 미국을 시작으로 영국, 러시아, 네덜란드 같은 나라들과 조약을 맺었어. 그러고는 천황을 중심으로 새로운 국가를 세우겠다며 변화를 꾀했지. 이 개혁을 '메이지 유신(1868년)'이라고 하는데, 서양처럼 근대 국가로 나아가려는 움직임이었단다."

"아하, 일본의 돈가스도 그런 분위기에서 나온 음식이군요."

역사 발전의 원동력이 된 문화 교류

푸드 코트 한쪽에 자리한 빵집에서는 고소한 빵 냄새가 흘러나오고 있었어요.

"빵도 서양 음식이죠? 그런데 서양 사람들은 왜 빵을 주로 먹게 된 거예요?"

은서가 쿵쿵대며 이모에게 물었어요.

"자연환경에 따라 재배하는 곡식이 다르고, 곡식마다 요리법이 달라서야. 아시아 사람들이 주로 먹는 쌀이나 보리 같은 곡물은 낟알 그대로 요리하면 돼. 반면에 서양 사람들이 주로 먹는 밀은 단단한 껍질에 싸여 있기 때문에 갈아서 가루로 만들어야 해. 밀가루는 물을 섞으면 끈끈해져서 소금이나 설탕 같은 재료를 잘 흡수하지. 빵은 밀가루의 이러한 성질을 잘 살린 음식이고."

"아, 곡식의 성질에 맞춰 밥 또는 빵을 먹게 된 거군요."

"은서야, 빵이 밥보다 좋은 점은 뭘까?"

"빵을 먹는 게 더 간편하지 않아요? 밥은 반찬이 필요하잖아요."

"그렇지. 게다가 밥은 축축해서 빨리 상하지만, 빵은 오래 보관할 수 있어. 오래돼서 딱딱해지면 물에 불려 먹어도 되고. 전쟁터에서도 주먹밥보다는 빵이 갖고 다니기 쉽지. 더구나 밥을 지으려고 불을 피우면 적군이 연기를 보고 금방 알아채지만, 빵은 그냥

먹으면 되잖아."

"그러네요."

"빵의 장점에 주목한 일본 사람들은 군대에서 빵을 나눠 주었어. 하지만 군인들은 빵을 먹으면 금세 배가 고파진다고 반발했대."

"밥이 든든하긴 하죠. 사람은 밥심으로 산다고 할머니가 늘 그러시잖아요."

"맞아. 결국 일본에서 빵은 밥을 대신하지는 못하고 간식용으로 널리 퍼졌어. 단팥빵이 대표적이지. 서양에서는 원래 빵에 뭔가를 넣지 않거든."

"서양의 빵이 아시아에 전해져 새롭게 바뀐 거군요. 다른 문화가 만나서 바뀌고 발전해 가는 과정이 재미있어요."

"엄마, 내일 아침에 먹을 빵도 좀 사 갈까요? 은서 토스트 해 주게요."

"그래, 현수가 토스트를 잘 만들지."

"이모, 저 소보로도 하나만 사면 안 될까요?"

은서가 갓 나온 빵을 보며 입맛을 다셨어요.

"당연히 되지. 자, 각자 먹고 싶은 거 사고 슬슬 나가 볼까?"

은서와 이모, 현수 오빠는 먹음직스러운 빵 몇 개를 산 다음 1층으로 올라와 백화점 문을 나섰어요.

"이런, 손에 든 게 많아졌네. 얼른 가서 저녁 먹자. 은서야, 오늘

어땠어?"

이모의 질문에 은서는 백화점에서 보고 들은 것 하나하나를 떠올려 보았어요.

"시간 가는 줄 몰랐어요! 고대부터 지금까지, 동서양을 넘나들며 시간 여행을 한 것 같아요."

"재밌었다니 다행이다. 뭐가 제일 기억에 남았어?"

현수 오빠가 물었어요.

"음, 서양 문화가 전 세계에 퍼진 이유? 유럽이 새로운 바닷길을 개척하면서 세계사가 크게 바뀐 것 같아."

은서의 말에 이모가 고개를 끄덕였어요.

"잘 이해했구나. 그런데 은서야, 유럽이 아메리카, 아시아, 아프리카를 비롯한 다른 대륙으로 세력을 뻗어 나간 건 서양이 동양보다 뛰어나서가 아니야. 19세기 초까지만 해도 동양의 중국이나 인도가 서양보다 경제와 문화 수준이 높았거든. 동양은 그 자체로 풍족했지만, 서양은 부족한 게 많아서 침략에 나섰다고도 할 수 있어. 그리고 서양은 중국과 아랍에서 받아들인 항해술과 기구들을 발전시켜 바닷길 개척에 나섰단다. 역사는 여러 문화가 교류하는 가운데 발전한다는 사실, 잊지 않았으면 좋겠다."

이모가 은서의 어깨를 감싸며 말했어요.

"네, 꼭 기억할게요!"

"한 가지 더! 물건에도 역사가 있듯, 사람에게도 저마다의 역사가 있어. 우리 한 사람, 한 사람도 날마다 저마다의 역사를 써 나가는 거야. 그런 역사가 모여 인류의 역사가 되는 거고."

"오늘 저는 아주 알찬 역사를 썼네요."

은서의 씩씩한 대답에 이모와 현수 오빠가 마주 보며 기분 좋은 웃음을 터뜨렸어요.

백화점에서 만난 세계사 연표

◆ 기원전 **약 390만 년 전**

오스트랄로피테쿠스 아파렌시스 출현
167쪽

◆ **약 180만 년 전**
호모 에렉투스 등장, 불 사용
169쪽

◆ **약 40만 년 전**
호모 네안데르탈렌시스
(네안데르탈인) 등장
29쪽

◆ **3500년경**
메소포타미아 문명 시작
32쪽

◆ **3000년경**
이집트 문명 시작
33쪽

◆ **48년**
로마 카이사르, 권력 장악
18, 40쪽

◆ **51년**

이집트 클레오파트라 즉위
17~18, 40쪽

◆ **221년**
진시황, 최초로 중국 통일
48쪽

기원후 476년
서로마 제국 멸망,
유럽에서 중세 시작

1096년

십자군 원정 시작
21쪽

1299년

마르코 폴로,
《동방견문록》 출판
156쪽

14세기 중엽

흑사병 유행
22~23쪽

1337년

영국·프랑스, 백년 전쟁
(~1453년)
76쪽

1453년
비잔티움 제국 멸망
111쪽

1492년

콜럼버스, 아메리카 도착
115쪽

1498년
포르투갈,
인도 항로 개척
119, 172쪽

1517년
독일 루터
종교 개혁
90~91쪽

◆ **1592년**
조선·명나라·일본, 임진왜란
155쪽

◆ **1558년**

영국 엘리자베스 1세 즉위
33~34, 36~38쪽

◆ **1556년**

에스파냐 펠리페 2세 즉위
38쪽

◆ **1618년**
유럽, 30년 전쟁
49~50쪽

◆ **1643년**
프랑스
루이 14세 즉위
50, 52~53, 152쪽

◆ **1642년**
영국, 청교도 혁명
(~1649년)
57쪽

◆ **1688년**
영국, 명예혁명
57쪽

1899년

보어 전쟁(~1902년)
41, 59쪽

1914년

제1차 세계 대전(~1918년)
34~35, 60, 78, 98, 160쪽

1939년

제2차 세계 대전(~1945년)
61, 80~81, 91, 139쪽

1968년
68운동
82쪽

1868년
일본, 메이지 유신
176쪽

1857년

인도, 세포이의 항쟁(~1858년)
134~135쪽

1840년

청나라·영국, 아편 전쟁
125쪽

18세기 후반
영국에서 산업 혁명 시작
94, 129, 156쪽

1776년
미국, 독립 선언
124쪽

1789년

프랑스 혁명 시작
52, 55~56, 58, 71~73, 113쪽

1804년

나폴레옹, 황제 즉위
72~73쪽

사진 출처

- 15 투탕카멘의 향수 항아리 ©Frank Rytell
- 23 흑사병이 퍼진 시기의 의사를 그린 판화 Paulus Fürst 작. Wikimedia Commons public domain
- 31 마리아 거닝 초상화 작자 미상. Wikimedia Commons public domain
- 33 엘리자베스 1세 초상화 Johannes Corvus 작. Wikimedia Commons public domain
- 37 월터 롤리 경 초상화 작자 미상. Wikimedia Commons public domain
- 41 남아프리카 킴벌리의 빅 홀 ©I, Bothar
- 48 트라야누스의 원기둥 ©NikonZ7II
- 53 루이 14세 초상화 Jacint Rigau-Ros i Serra 작. Wikimedia Commons public domain
- 54 리처드 색빌 초상화 William Larkin 작. Wikimedia Commons public domain
- 67 코르셋을 입는 젊은 여인 John Collett 작. Wikimedia Commons public domain
- 71 테레사 탈리앙 초상화 Eugène Louis Boudin 작(브루클린 박물관), Wikimedia Commons public domain
- 73 나폴레옹으로부터 왕관을 수여받는 조세핀 Jacques-Louis David 작. Wikimedia Commons public domain
- 77 블루머를 입고 있는 아멜리아 블루머 T. W. Borwn 작. Wikimedia Commons public domain
- 79 바지를 입고 있는 코코 샤넬 작자 미상, Wikimedia Commons public domain
  이브생로랑이 디자인한 여성용 바지 정장 ©David Hilowitz
- 91 보름스 의회의 루터 Anton von Werner 작. Wikimedia Commons public domain
- 95 면 공장에서 일하는 아동 노동자 Lewis Hine 작. Wikimedia Commons public domain
- 111 수피 춤을 추는 이슬람 신비주의 수도사 ©Schorle
- 116 목화밭에서 일하는 흑인들 ©New York Public Library
- 124 보스턴 차 사건을 그린 석판화 Nathaniel Currier 작. Wikimedia Commons public domain
- 138 수영 선수 애넷 켈러먼이 원피스 수영복을 입은 모습 Geoge Grantham Bain 작. Wikimedia Commons public domain
- 143 1948년 런던 올림픽 출전 대한민국 선수단 ©독립기념관

152 파스타를 손으로 먹는 이탈리아 사람 그림 ©Photoglob Zürich

157 본차이나 ©David Jackson

159 에디슨이 만든 탄소 필라멘트 전구 Joseph E. Hinds 작. Wikimedia Commons public domain

162 캐리어가 만든 대형 에어컨이 설치된 공장 Wikimedia Commons public domain

182 오스트랄로피테쿠스 아파렌시스 ©Bone Clones

182 진시황 작자 미상. Wikimedia Commons public domain

182 클레오파트라 ©Ángel M. Felicísimo

183 십자군 원정 Jean Colombe 작. Wikimedia Commons public domain

183 동방견문록 Marco Polo 작. Wikimedia Commons public domain

183 백년 전쟁 Antoine Leduc, Sylvie Leluc et Olivier Renaudeau (dir.), D'Azincourt à Marignan 작. Wikimedia Commons public domain

183 죽음의 승리 Pieter Bruegel the Elder 작. Wikimedia Commons public domain

183 산살바도르에 도착한 콜럼버스 Dióscoro Puebla 작. Wikimedia Commons public domain

184 에스파냐 펠리페 2세 Sofonisba Anguissola, Alonso Sánchez Coello 작. Wikimedia Commons public domain

184 영국 엘리자베스 1세 William Segar, George Gower 작. Wikimedia Commons public domain

184 30년 전쟁 Reinier Zeeman 작. Wikimedia Commons public domain

184 프랑스 루이 14세 Hyacinthe Rigaud 작. Wikimedia Commons public domain

185 바스티유 습격 Jean-Pierre Houël 작. Wikimedia Commons public domain

185 나폴레옹 Andrea Appiani 작. Wikimedia Commons public domain

185 아편 전쟁 Richard Simkin 작. Wikimedia Commons public domain

185 세포이의 항쟁 Granger 작. Wikimedia Commons public domain

185 보어 전쟁 ©Fidodog14

185 제1차 세계 대전 Wikimedia Commons public domain

185 제2차 세계 대전 ©Das Bundesarchiv

똑똑교양 10

백화점에서 만난 세계사

ⓒ 정현경·인디고, 2024

초판 1쇄 인쇄 2024년 7월 24일 초판 1쇄 발행 2024년 8월 8일
ISBN 979-11-5836-473-1, 979-11-5836-206-5(세트)

펴낸이 임선희 펴낸곳 (주)책읽는곰 출판등록 제2017-000301호
주소 서울시 마포구 성지길 48 전화 02-332-2672~3 팩스 02-338-2672
홈페이지 www.bearbooks.co.kr 전자우편 bear@bearbooks.co.kr
SNS Instagram@bearbooks_publishers

책임 편집 박세미 책임 디자인 김지은
편집 우지영, 우진영, 이다정, 최아라, 박혜진, 윤주영, 홍은채 디자인 김아미, 김은지, 이설
마케팅 정승호, 배현석, 김선아, 이서윤, 백경희 경영관리 고성림, 이민종 저작권 민유리
협력업체 이피에스, 두성피앤엘, 월드페이퍼, 원방드라이보드, 해인문화사, 으뜸래핑, 도서유통 천리마

이 책은 저작권법에 따라 보호받는 저작물이므로 무단 전재와 무단 복제를 금합니다.
이 책 내용의 전부 또는 일부를 사용하시려면 반드시 저작권자와 출판사의 동의를 얻어야 합니다.

 KC마크는 이 제품이 공통안전기준에 적합하였음을 의미합니다.
제조국 : 대한민국 | 사용 연령 : 10세 이상
책 모서리에 부딪히거나 종이에 베이지 않도록 주의해 주세요.